20 Mini-Aufführungen

für Weihnachtsfeiern in der Grundschule

Astrid Grabe | Elke Dosch

Schöne Gedichte, Sketche, Lieder und Theaterstücke mit wenig Aufwand

Verlag an der Ruhr

Impressum

Titel
20 Mini-Aufführungen für Weihnachtsfeiern in der Grundschule
Schöne Gedichte, Sketche, Lieder und Theaterstücke mit wenig Aufwand

Autorinnen
Astrid Grabe und Elke Dosch

Titelbildmotive
Mädchen: © underdogstudios; Schmuckelement: © Jan Engel – beide Fotolia.com

Illustrationen im Innenteil
Kapitel-Icons: Anja Boretzki, Tiermasken: Bettina Weyland;
Schmuckelement Fußzeile: © Jan Engel – Fotolia.com; ansonsten siehe Copyrighthinweise

Druck
Heenemann GmbH & Co. KG, Berlin, DE

Verlag an der Ruhr
Mülheim an der Ruhr
www.verlagruhr.de

Geeignet für die Klassen 1–4

Nachdruck 2024

ISBN 978-3-8346-2964-7

PEFC zertifiziert
Dieses Produkt stammt aus nachhaltig bewirtschafteten Wäldern und kontrollierten Quellen.
www.pefc.de
PEFC/04-31-1156

Inhalt

Vorwort

Liebe Kolleginnen, liebe Kollegen,

jedes Jahr ist es wieder so weit: Die Adventszeit steht vor der Tür – und mit ihr so manche Firmen- und Familienfeier! Auch in der Schule dreht sich nun alles um die Planung und Durchführung einer ansprechenden Weihnachtsfeier. Daher beginnt schon recht früh die Suche nach geeigneten Theaterstücken, Gedichten und Liedern.
Leider ist die unterrichtspraktische Umsetzung nicht immer so einfach und kann sogar zu echtem Stress ausarten. Denn häufig sind unterhaltsame und aufwändige Stücke nur schwer zu realisieren, binden nur wenige Kinder mit ein oder sorgen bei leistungsschwächeren Kindern für Überforderung und Frustration. Besonders bei einer Weihnachtsfeier ist es jedoch wünschenswert, möglichst allen Kindern auf die eine oder andere Art und Weise zu ihrem Auftritt zu verhelfen: Je nach Neigung und Selbstbewusstsein ist ein individueller Einsatz erstrebenswert.

Worum geht es in dieser Mappe?

Die Weihnachtszeit bietet einen tollen Anlass, den Kindern die Gelegenheit zu geben, vor Publikum aufzutreten. Dabei gibt es eine große Bandbreite an Möglichkeiten, die über ein einzelnes Theaterstück hinausgehen.
In dieser Arbeitsmappe haben wir uns darum bemüht, ein Spektrum an Aufführungsideen zusammenzustellen, die zur Gestaltung einer facettenreichen Weihnachtsfeier beitragen können. Die Beteiligung möglichst vieler Kinder lag uns bei der Materialauswahl besonders am Herzen – ebenso eine effektvolle Inszenierung ohne großen Aufwand.
Alle Handlungsideen sind individuell erweiterbar oder auch leicht abzuändern, sodass es letztlich an Ihnen und Ihrer Klasse liegt, der gesamten Aufführung ein individuelles Gesicht zu geben.

Zum Aufbau des Materials

In dieser Mappe finden sich 20 Mini-Weihnachtsaufführungen in Form von Gedichten, Sketchen, Liedern und Theaterstücken. Jeder Idee sind eine kurze Zusammenfassung sowie Hinweise zu Klassenstufe und Durchführung vorangestellt, sodass ein schneller Überblick ermöglicht wird. Im Anschluss an das Vorwort finden sich zudem verschiedene Tiermasken, die Sie für die Theateraufführungen verwenden können.
Bei der Arbeit mit diesem Material wünschen wir Ihnen und den Kindern Ihrer Klasse viel Spaß und gutes Gelingen!

Astrid Grabe und Elke Dosch

* Der Verlag an der Ruhr legt großen Wert auf eine geschlechtergerechte und inklusive Sprache. Seit 2019 nutzen wir daher das Gendersternchen oder neutrale Formulierungen, um alle Menschen unabhängig von Geschlecht oder Geschlechtsidentität einzuschließen. In Texten für Schüler*innen finden sich aus didaktischen Gründen neutrale Begriffe bzw. Doppelformen. Titel, wie dieser, die erstmalig vor 2019 erschienen sind, enthalten noch das generische Maskulinum.

Abb. Bettina Weyland

Abb. Fußzeile: © Jan Engel – Fotolia.com | ISBN 978-3-8346-2964-7 | www.verlagruhr.de

Abb.: Bettina Weyland

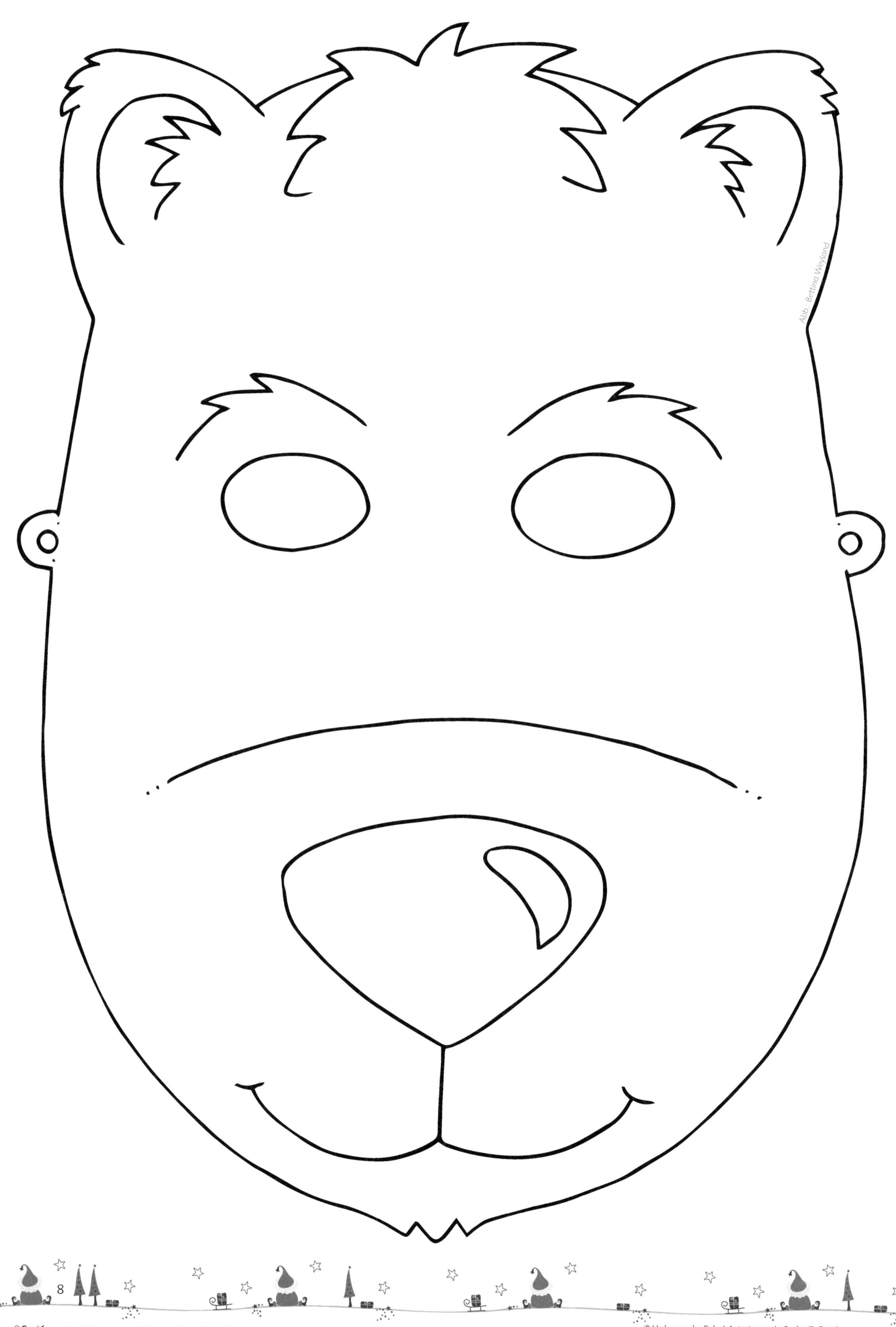

Abb. Fußzeile: © Jan Engel – Fotolia.com | ISBN 978-3-8346-2964-7 | www.verlagruhr.de

Abb.: Bettina Weyland

Abb.: Bettina Weyland

Abb. Fußzeile: © Jan Engel – Fotolia.com | ISBN 978-3-8346-2964-7 | www.verlagruhr.de

Abb. Fußzeile: © Jan Engel – Fotolia.com | ISBN 978-3-8346-2964-7 | www.verlagruhr.de

Abb.: Bettina Weyland

Abb.: Bettina Weyland

Abb. Fußzeile: © Jan Engel – Fotolia.com | ISBN 978-3-8346-2964-7 | www.verlagruhr.de

 | ISBN 978-3-8346-2964-7 | www.verlagruhr.de

Abb. Fußzeile: © Jan Engel – Fotolia.com | ISBN 978-3-8346-2964-7 | www.verlagruhr.de

Theaterstücke

Das Weihnachtswunder – 1/2

Klassenstufe: 1–2
Zeitaufwand: 5–10 Minuten

Darum geht es

Eine kleine Maus sitzt allein im Wald und wartet auf ein Wunder: Schließlich ist Weihnachten und da werden Wunder wahr! Ein gefundenes Fressen für die Katze – doch diese frisst die Maus nicht: Ein Wunder will schließlich niemand verpassen! Nach und nach finden sich noch weitere Tiere ein, um gemeinsam auf das Wunder zu warten. Die Tiere verbringen die Nacht friedlich zusammen – und merken dabei nicht, dass dadurch das Wunder längst geschehen ist!

Bühnenbild

Im Grunde ist kein Bühnenbild erforderlich, ggf. können Waldrequisiten verwendet werden. Die Kinder setzen sich im Halbkreis mit den Gesichtern zum Publikum. Es empfiehlt sich, die Sitzplätze auf dem Boden mit Teppichfliesen zu kennzeichnen – das macht es besonders für die Erstklässler leichter.

Kostüme

Die Kostüme können sehr einfach gehalten werden: Die Kinder tragen die auf den Seiten 5–9 abgebildeten Tiermasken und farblich passende Kleidung.

Rollen

- Maus
- Katze
- Hund
- Wolf
- Bär

Das wird benötigt

- Tiermasken (s. S. 5–9), farblich passende Kleidung (Kostüm Tiere)
- ggf. Waldrequisiten
- ggf. Teppichfliesen

Das Weihnachtswunder – 2/2

 *Die Maus sitzt auf der Bühne. Die Katze schleicht sich heran.*

Katze: Ah! Der Weihnachtsmann hat mich nicht vergessen –
da vorne sitzt mein Abendessen! *(rennt zur Maus, stoppt)*
Du rennst nicht weg, kriegst keinen Schreck?!
Was machst du da?

Maus: Man sagt doch: Weihnachten werden Wunder wahr.
Und auf das Wunder warte ich – das ist klar!

Katze: Du meinst, ein echtes Wunder geschieht heute und hier?
(Maus nickt)
Dann verzichte ich auf mein Abendessen und
nun warten WIR!

Maus und Katze sitzen auf der Bühne. Der Hund schleicht sich heran.

Hund: Ah! Der Weihnachtsmann hat mich nicht vergessen –
da vorne sitzt mein Abendessen! *(rennt zu Maus und Katze, stoppt)*
Ihr rennt nicht weg, kriegt keinen Schreck?!
Was macht ihr da?

Maus + Katze: Man sagt doch: Weihnachten werden Wunder wahr.
Und auf das Wunder warten wir – das ist klar!

Hund: Ihr meint, ein echtes Wunder geschieht heute und hier?
(Maus und Katze nicken)
Dann verzichte ich auf mein Abendessen und
nun warten WIR!

 *Wolf und Bär betreten nacheinander die Bühne und der Text wiederholt sich. Die Tiere werden müde, schlafen ein und erwachen wieder.*

Alle: Die Nacht ist vorbei und kein Wunder geschehen!

 *Die Tiere stehen auf und entfernen sich enttäuscht in alle Richtungen.*

Maus: Halt! Ihr sollt noch nicht gehen!
War es heute nicht eine wundervolle Nacht?
Wir haben sie friedlich gemeinsam verbracht.
Wir alle haben das Wunder gesehen:
Es ist heute und hier längst geschehen!
Aber jetzt sagen wir lieber schnell: Auf Wiedersehen!

Der Weg zum Stall – 1/4

Klassenstufe: 2–3
Zeitaufwand: 5–10 Minuten

Darum geht es

Eine Schafherde, eine Kuh, ein Hund und ein Esel machen sich unabhängig voneinander auf den Weg zum Stall. Noch wissen sie nicht, wohin oder warum sie eigentlich unterwegs sind. Sie haben lediglich das vage Gefühl, dass es eben so sein muss. Als sie im Stall ankommen, treffen sie auf Maria, Josef und das Jesuskind – und langsam wird ihnen klar, dass es sich um eine ganz besondere Nacht handelt.

Bühnenbild

Der Stall lässt sich leicht mit zwei großen Pappwänden darstellen, die jeweils als Scheunentor dienen. Das Tor wird von zwei Kindern gehalten und lässt sich so am Ende der Geschichte leicht öffnen, um den Blick auf Maria, Josef und das Jesuskind freizugeben.

Kostüme

Die Kinder verwenden für die Darstellung der Tiere die auf den Seiten 9–12 abgebildeten Tiermasken. Ihre Kleidung sollte den Farben der Tiere entsprechen. Maria und Josef tragen zerschlissene Kleidung. Das Jesuskind wird mithilfe einer Babypuppe dargestellt.

Rollen

- 4 Schafe
- Kuh
- Hund
- Esel
- Maria
- Josef

Das wird benötigt

- Tiermasken (s. S. 9–12), farblich passende Kleidung (Kostüm Tiere)
- Stallkulisse (mit zwei Trägern)
- zerschlissene Kleidung (Kostüm Maria und Josef)
- Babypuppe

Der Weg zum Stall – 2/4

Die Schafe liegen schlafend auf der Bühne. Plötzlich wachen sie auf und sehen sich suchend um.

Schaf 1: Gerade haben wir es uns gemütlich gemacht.
Warum sind wir so plötzlich aufgewacht?
Irgendetwas ist anders in dieser Nacht.

Schaf 2: Du brauchst nur in den Himmel zu sehen:
Heute Nacht wird etwas Besonderes geschehen.
Aber nicht hier, nicht an diesem Ort.

Schaf 3: Du meinst wir müssen fort?

Schaf 4: Wir wissen nicht warum, nicht wohin, nicht wie oder wann
– nur, dass keiner von uns heute hier bleiben kann!

Die Schafe machen sich auf den Weg.

Schaf 1: Die Kälte hält kaum einer aus!
Niemand geht heute Nacht freiwillig aus dem Haus!

Schaf 2: Aber wir haben unser dickes Fell.
Da frieren wir nicht gar so schnell.

Die Kuh betritt die Bühne.

Schaf 3: Ist das da vorne nicht eine Kuh?
Ich glaube, sie kommt genau auf uns zu.

Schaf 4: Warum hast du dich in dieser bitterkalten Nacht
auf den Weg gemacht?

Kuh: In meinem Stall hatte ich es mir gemütlich gemacht,
da bin ich plötzlich aufgewacht.
Ich dachte:
Ich weiß nicht warum, nicht wohin, nicht wie oder wann
– nur dass ich heute nicht hier bleiben kann!

Schaf 1: Dann lass uns gemeinsam gehen!
Wohin der Weg uns führt, wir werden schon sehen.

Die Tiere gehen gemeinsam weiter. Der Hund betritt die Bühne.

Kuh: Schaut mal, könnt ihr da vorne den Hund sehen?
Warum wird er wohl durch die Kälte gehen?

Der Weg zum Stall – 3/4

Hund: In meiner Hütte hatte ich es mir gemütlich gemacht.
Da bin ich plötzlich aufgewacht.
Ich dachte:
Ich weiß nicht warum, nicht wohin, nicht wie oder wann
– nur dass ich heute nicht hier bleiben kann!

Schaf 1: Dann lass uns gemeinsam gehen!
Wohin der Weg uns führt, wir werden schon sehen.

*Die Tiere verlassen die Bühne. Die Stallkulisse wird aufgebaut.
Maria und Josef platzieren sich dahinter, der Esel davor.
Die Tiere kehren auf die Bühne zurück.*

Schaf 2: Halt! Habt ihr da vorne den Stall gesehen?

Kuh: Ich sehe davor einen Esel stehen.

Esel: In meinem Stall hatte ich es mir gemütlich gemacht,
da bin ich plötzlich aufgewacht.
Ich dachte:
Ich weiß nicht warum, nicht wohin, nicht wie oder wann
– nur dass ich heute nicht hier bleiben kann!

Schaf 3: Dann haben wir es heute alle gespürt
und unser Weg hat uns hierhin geführt
(zeigt auf den Stall).

Schaf 4: Doch was hat uns in dieser bitterkalten Nacht
zu diesem verlassenen Stall gebracht?

Plötzlich ertönt leises Babygeschrei.

Kuh: Seid still! Heult dort der Wind?

Esel: Oder weint in dem Stall etwa ein kleines Kind?

*Esel öffnet vorsichtig die Stalltür. Der Blick wird frei auf Maria und Josef.
Maria hält Jesus in ihren Armen.*

Schaf 1: Oh, seht nur: Ein Mann, eine Frau und ein neugeborenes Kind!

Schaf 2: Und seht, wie sie frieren im eiskalten Wind!

Schaf 3: Wir rücken zusammen! Wir stehen ganz dicht!

Schaf 4: Die eisige Kälte spüren sie so nicht.

Kuh: Ich habe Milch, die kann ich geben.

Hund: Ich halte Wache und stelle mich daneben.

Der Weg zum Stall – 4/4

Esel: Und auf mir können sie bald weiterreiten.
So werde ich sie auf dem Weg begleiten.

Schaf 3: Nun wissen wir also, warum wir hier sind:
Wir helfen der Familie mit dem kleinen Kind.

Schaf 4: Also hat uns in dieser Heiligen Nacht
dieses kleine Kind zusammengebracht!

Abb. Fußzeile: © Jan Engel – Fotolia.com; alle anderen Abb.: A. Boretzki | ISBN 978-3-8346-2964-7 | www.verlagruhr.de

Der eilige Weihnachtsmann – 1/4

Klassenstufe: 2–3
Zeitaufwand: 5–10 Minuten

Darum geht es

Es ist jedes Jahr das Gleiche: Wieder hat der Weihnachtsmann verschlafen und muss sich beeilen, um alle Geschenke zu verteilen. Dabei ist es für ihn besonders wichtig, für jedes Kind das passende Geschenk zu finden – und das kann der Weihnachtsmann ziemlich gut. Als er abgehetzt nach Hause kommt, wartet auf ihn eine kleine Überraschung – ob es nun auch für den Weihnachtsmann ein passendes Geschenk gibt?
Eine amüsante Slapstick-Komödie, die viel Spielraum für Improvisationen lässt.

Bühnenbild

Das Stück spielt im Haus vom Weihnachtsmann und lässt sich ohne aufwändiges Bühnenbild aufführen: Lediglich der Schlitten mit dem Geschenkesack, die Uhr in der Geschenkverpackung und eine Sitzgelegenheit für den Weihnachtsmann und die Wichtel werden auf der Bühne benötigt. Selbstverständlich kann das Bühnenbild nach Belieben weiter ausgestaltet werden: bunt gestaltete Wunschzettel an den Wänden, ein Regal mit vielen Büchern, ein gemütlicher Sessel – der Fantasie sind hierbei keine Grenzen gesetzt.

Kostüme

Zu Beginn des Stückes trägt der Weihnachtsmann einen Schlafanzug. Mithilfe von Mantel, Stiefel und Weihnachtsmütze lässt sich dieser leicht in ein „richtiges" Weihnachtskostüm verwandeln. Eine Weihnachtsmütze wird auch für das Wichtelkostüm benötigt. Hierfür tragen die Kinder außerdem grüne Kleidung und ggf. eine geringelte Strumpfhose.

Rollen

- Weihnachtsmann
- 6 Wichtel

Das wird benötigt

- Schlafanzug, Weihnachtsmütze, Mantel, Stiefel (Kostüm Weihnachtsmann)
- 6 Weihnachtsmützen, grüne Kleidung, ggf. geringelte Strumpfhosen (Kostüm Wichtel)
- Kaffeetasse
- Croissant
- Zahnbürste
- Schlitten
- Sack mit Geschenken
- Sitzgelegenheit für Wichtel und Weihnachtsmann
- Uhr in Geschenkverpackung

Der eilige Weihnachtsmann – 2/4

Der Weihnachtsmann liegt schlafend – und schnarchend – auf der Bühne. Er liegt auf dem Rücken, Arme und Beine seitlich von sich gestreckt. Wichtel 1 und 2 stehen daneben und betrachten den Weihnachtsmann verärgert.

Wichtel 1: Oh nein!
Wichtel 2: Das gibt's doch nicht!

Wichtel 3 und 4 kommen aufgeregt auf die Bühne gestapft.

Wichtel 3: Ist es wieder wie im letzten Jahr?
Wichtel 1+2: Na klar!
Wichtel 4: Pah! Schnarcht wie ein Sägewerk!

Wichtel 5 und 6 betreten die Bühne.

Wichtel 5: Oje, ganz genau wie im letzten Jahr!
Wichtel 6: Und im Jahr davor … und im Jahr davor …
Wichtel 1: Okay, dann sind wir jetzt dran!
Wichtel 2, 3, 4, 5, 6: Wie im Jahr davor … und im Jahr davor …

Die Wichtel stellen sich um den Weihnachtsmann herum auf.

Wichtel 2: Auf 3: 1 … 2 … 3!
Alle Wichtel: AUFWACHEN!

Der Weihnachtsmann schreckt hoch, schlägt dabei wild mit Armen und Beinen um sich. Die Wichtel gehen in Deckung.

Weihnachtsmann: Wie? Wo? Was? Wo bin ich?
Wichtel 4: Heute ist Weihnachten – du bist spät dran! Du musst Geschenke verteilen!
Weihnachtsmann: WEIHNACHTEN? HEUTE? GESCHENKE? Oh nein! Warum sagt mir das keiner?! Wie spät ist es denn?
Wichtel 5: Eigentlich viel zu spät!
Weihnachtsmann: *(hektisch)* Wo sind meine Sachen?

Die Wichtel gehen schnell zur Seite. Der Weihnachtsmann läuft aufgeregt umher und zieht sich dabei den Schlafanzug aus, was ihm aber nur schwer gelingt: Das Oberteil hängt am Kopf fest, sodass er kurzzeitig blind herumstolpert.

Der eilige Weihnachtsmann – 3/4

Währenddessen bilden die Wichtel eine Gasse und halten Mantel, Weihnachtsmütze, Stiefel, Kaffeetasse, Croissant und Zahnbürste für den Weihnachtsmann bereit.

Weihnachtsmann: Oh, da-danke!

Der Weihnachtsmann zieht sich schnell an, trinkt, isst und putzt sich die Zähne.

Weihnachtsmann: Puh, jetzt geht es besser – danke! *(entspannt sich, atmet ruhig aus)*

Wichtel 6: He, nicht ausruhen! Draußen stehen jede Menge Geschenke, die verteilt werden müssen!

Wichtel 1: Du hast nicht mehr viel Zeit, du Schlafmütze! Hast du mal auf die Uhr geschaut?

Weihnachtsmann: Wie? Uhr? Nein, ich habe keine Uhr!

Wichtel 2: Ach! *(schaut vielsagend die anderen Wichtel an)* Warum nicht?

Weihnachtsmann: Na ja, ich hab es noch nicht geschafft, mir eine zu besorgen – ich muss mich immer so beeilen!

Wichtel 3: Dann schau mal auf meine! *(zeigt auf sein Handgelenk)*

Weihnachtsmann: Oje! Ich muss los! Wo sind die Geschenke?

Der Weihnachtsmann rennt wieder etwas kopflos umher. Die Wichtel deuten auf den Schlitten mit dem Geschenkesack.

Alle Wichtel: Da lang!

Der Weihnachtsmann verlässt mit Schlitten und Geschenkesack die Bühne. Die Wichtel setzen sich nun gemütlich (wie auf einer Tribüne) hin. Sie winken dem Weihnachtsmann hinterher. Der Weihnachtsmann rennt nun mehrmals mit dem Sack über die Bühne. Die Wichtel spornen ihn jedes Mal aufs Neue an.

Alle Wichtel: Lauf, Weihnachtsmann, lauf, die Kinder warten drauf! Du musst dich beeilen – es sind noch viele Geschenke zu verteilen!

Der Weihnachtsmann wird immer erschöpfter. Irgendwann ist der letzte Sack verteilt und er bleibt schnaufend stehen.

Der eilige Weihnachtsmann – 4/4

Wichtel 1: Super, du hast es tatsächlich geschafft!

Wichtel 2: Alle Geschenke sind verteilt!

Weihnachtsmann: Puh … ja … aber … ich … bin … total … K.O.!

Wichtel 3: Und das alles nur, weil du immer so spät dran bist!

Der Weihnachtsmann zuckt entschuldigend mit den Schultern und will sich setzen. Da entdeckt er ein liegen gebliebenes Geschenk.

Weihnachtsmann: *(zeigt auf das Geschenk, aufgeregt)* Oh nein! Da liegt noch eins! Wie konnte das passieren?! Ich muss sofort los!

Wichtel 4: *(lacht)* Dieses Mal nicht!

Wichtel 5: Das ist ein Geschenk von uns für DICH!

Weihnachtsmann: Ein Geschenk für MICH?

Wichtel 6: Du bist berühmt dafür, dass du immer die passenden Geschenke für alle findest …

Wichtel 1: … Und da haben wir eine Menge von dir gelernt: Mach es auf!

Weihnachtsmann: Ein passendes Geschenk für mich – was kann das sein?

Der Weihnachtsmann öffnet das Päckchen und lacht.

Weihnachtsmann: Eine Uhr – mit einem Wecker! Na klar! Das ist wirklich das passende Geschenk für mich – vielen Dank! Kommt, ihr treuen Wichtel, jetzt gehen auch wir Weihnachten feiern!

Mission: Weiße Weihnacht – 1/6

Klassenstufe: 3–4
Zeitaufwand: 10–15 Minuten

Darum geht es

Weiße Weihnachten wünscht sich eigentlich jeder. Doch nicht immer erfüllt sich dieser Wunsch. Durch einen Blick ins Innere einer Schneewolke wird schnell klar, was hinter diesem Spektakel steckt: harte Arbeit und ein Nervenkostüm aus Stahl.

Bühnenbild

Um zu verdeutlichen, dass die Schneeflocken in den Himmel aufsteigen, sollte das Bühnenbild aus zwei Ebenen bestehen. Hierzu lassen sich einfach die beiden „Schreibtische" vom Anfang des Stückes zusammenschieben, auf die sich die Schneeflocken zunächst setzen und später hinstellen können.

Kostüme

Die Schneeflocken tragen weiße Kleidung und einen mit Schneekugeln (Wattebäuschen) gefüllten Beutel. Eine schöne Idee ist es, das Kostüm durch einen passenden Kopfschmuck zu ergänzen: Hierfür einfach einen Streifen Tonpapier abschneiden, diesen an den Kopfumfang der Kinder anpassen, die Enden zusammentackern und den so entstandenen Stirnreif mit Wattebäuschen verzieren. Zusätzliche Accessoires – wie beispielsweise eine Brille oder eine Reisetasche – helfen dabei, die Schneeflocken voneinander zu unterscheiden.

Rollen

- Regina Diesig
- Gerd Graupel
- strebsame Schneeflocke (1)
- lustige Schneeflocke (2)
- schlaue Schneeflocke (3)
- verträumte Schneeflocke (4)
- sonnenliebende Schneeflocke (5)
- ängstliche Schneeflocke (6)
- Oberst Frostig

Das wird benötigt

- 2 große Tische
- 2 Stühle
- Zeitung (Kostüm Gerd Graupel)
- Nagelfeile, Brille (Kostüm Regina Diesig)
- Telefon
- weiße Kleidung, 6 mit Wattebäuschen gefüllte Beutel, Kopfschmuck (Kostüm Schneeflocken)
- Glöckchen (Kostüm Schneeflocke 2)
- Brille (Kostüm Schneeflocke 3)
- Sonnenbrille, Reisetasche (Kostüm Schneeflocke 5)
- Schirmmütze, Handy (Kostüm Oberst Frostig)

Kapitel-Icon: A. Boretzki | ISBN 978-3-8346-2964-7 | www.verlagruhr.de

Mission: Weiße Weihnacht – 2/6

Regina Diesig sitzt an ihrem Schreibtisch und feilt ihre Nägel. Neben ihr sitzt Gerd Graupel und liest in einer Zeitung. Plötzlich klingelt Regina Diesigs Telefon.

Regina Diesig: Hier ist das Wolkenbildungsbüro 7 – Regina Diesig am Apparat …
Oh … Aber sicher … Das ist natürlich äußerst dringend! Einen Moment, bitte! *(verdeckt die Sprechmuschel, zu Gerd Graupel)* Chef, der Wetterdirektor persönlich ist dran!

Gerd Graupel: Danke, Fräulein Diesig. *(nimmt den Hörer)*
Hier ist Gerd Graupel, Leiter des Wolkenbildungsbüros 7 … Ah … ja … ich verstehe! Nun, ich kann nichts versprechen, aber wir tun unser Bestes! *(legt auf)*
Fräulein Diesig? Es wartet eine Menge Arbeit auf uns! Es ist der 24. Dezember und der Wetterdirektor erwartet heute Schnee von uns … *(seufzt)* Weiße Weihnachten – als ob das so einfach wäre!

Regina Diesig: Soll ich Kontakt aufnehmen mit der Niederschlagszentrale, dem Temperaturkommando …?

Gerd Graupel: Auf jeden Fall! Sprechen Sie bitte auch mit der Windleitung: Ein schöner, kalter Ostwind könnte hilfreich sein.

Regina Diesig: Wird erledigt!

Gerd Graupel: Und ich spreche mit den anderen Wolkenbildungsbüros. Wir müssen alle zusammenarbeiten!

Beide telefonieren.

Gerd Graupel: So, das wäre erledigt. Nun müssen wir auch ein paar Teams zusammenstellen. Rufen Sie unsere verfügbaren Wasserteilchen zusammen. Ich telefoniere in der Zeit mit Oberst Frostig – er ist unser bester Einsatzleiter.

Regina Diesig: Alles klar, Chef!

Nun treffen die Wasserteilchen (Schneeflocken) ein. Sie setzen sich an den Rand der Bühne und beginnen, herumzualbern. Oberst Frostig betritt selbstbewusst und energisch die Bühne. Er begrüßt Gerd Graupel und Regina Diesig.

Mission: Weiße Weihnacht – 3/6

Oberst Frostig: *(blickt in Richtung Schneeflocken)* Sind das etwa unsere Schneeflockenanwärter?

Gerd Graupel: Nun ja, es ist einfach nicht mehr viel Zeit. Wir mussten nehmen, was zu kriegen war.

Regina Diesig: *(schwärmerisch)* Wenn es einer schaffen kann, dann Sie, Oberst Frostig.

Gerd Graupel: Sie bekommen das hin. Hiermit übergebe ich Ihnen die Leitung der Mission „Weiße Weihnacht!"

Gerd Graupel und Regina Diesig verlassen die Bühne. Oberst Frostig schaut auf seine Liste und wendet sich den Schneeflocken zu. Die Schneeflocken stehen auf, wenn sie aufgerufen werden, und setzen sich anschließend auf die beiden Schreibtische.

Oberst Frostig: Also, Männer, ihr habt es gehört: Es liegt an uns, für eine weiße Weihnacht zu sorgen.

Schneeflocke 6: *(verwirrt)* Weiße Weihnacht? Wieso weiß?

Oberst Frostig: Ruhe! Ich rufe euch zu mir nach vorne, sodass wir mit der Wolkenbildung beginnen können – Schneeflocke 1!

Schneeflocke 1: *(kommt angerannt)* Es ist mir eine Ehre, ich wollte schon immer …

Oberst Frostig: Jaja, schon gut! Bitte setzen! – Schneeflocke 2!

Schneeflocke 2: *(springt auf)* Juchhe, juchhe, juchhe – wir machen Schnee!

Oberst Frostig: *(genervt)* Ach herrje! Setzen! – Schneeflocke 3!

Schneeflocke 3: *(rückt Brille zurecht)* Nun, Sir, eigentlich ist der Begriff Schneeflocke nicht ganz richtig. Vielmehr handelt es sich bei jedem einzelnen von uns um ein winzig kleines Wasserteilchen, das erst zusammen mit anderen ...

Oberst Frostig: Ruhe! Setzen! – Schneeflocke 4!

Schneeflocke 4: Könnten Sie mich bitte Schneewittchen nennen?

Oberst Frostig: Wie bitte???

Schneeflocke 4: Nun ja, „Schneeflocke 4" hört sich so langweilig an, und da …

Oberst Frostig: SETZEN!

Schneeflocke 4: *(im Gehen)* … oder Schneeweißchen?

Oberst Frostig: SETZEN!!! – Schneeflocke 5!

Mission: Weiße Weihnacht – 4/6

Schneeflocke 5: Schnee ist mir eigentlich viel zu kalt!

Oberst Frostig: *(außer sich)* Was ist das hier für ein Irrenhaus?! Setzen! – Schneeflocke 6!

Schneeflocke 6: *(zögernd)* Ich weiß nicht so recht, ob ich mitwill.

Oberst Frostig: Für Zweifel ist es zu spät! Setzen!

Die Schneeflocken sitzen nun alle auf den Tischen und blicken erwartungsvoll zu Oberst Frostig.

Oberst Frostig: Alle herhören! Wir bilden gleich eine perfekte Wolke. Wenn wir unsere Flughöhe von 2000 Fuß erreicht haben …

Schneeflocke 6: *(entsetzt)* 2000 Fuß??? Ich werde ohnmächtig! Ich habe schreckliche Höhenangst!

Oberst Frostig: Bei 2000 Fuß springen wir ab!

Schneeflocke 6: Springen??? Da runter??? Niemals!!!

Schneeflocke 4: Wir schweben als kleine, weiße Flocken direkt aus der Wolke.

Schneeflocke 3: Wir springen ab als winzig kleine Wasserteilchen, die …

Schneeflocke 4: *(verträumt)* Wie kleine, weiße Federn, weiße Wattebäuschchen …

Oberst Frostig wischt sich den Schweiß von der Stirn.

Oberst Frostig: *(seufzt)* Es ist zu warm hier. Wir brauchen eine Temperaturabkühlung!

Schneeflocke 3: Um zu Schnee zu werden, brauchen wir entsprechend kalte Luftschichten …

Schneeflocke 1: Die Luft hier oben muss minus 10 Grad haben – das weiß ich!

Schneeflocke 3: Nein, es müssen minus 12 Grad sein – mindestens!

Schneeflocke 5: Soll das ein Scherz sein? Wovon redet ihr eigentlich? Ist das hier etwa nicht die Expresswolke nach Mallorca? Ich wollte als nette, kleine Abkühlung direkt ins Mittelmeer eintauchen!

Die Schneeflocken reden durcheinander.

Oberst Frostig: Ruhe! Ich muss dringend mit Gerd Graupel telefonieren – wir brauchen eine Wetteränderung!

Mission: Weiße Weihnacht – 5/6

Oberst Frostig geht an die Seite, stellt sich mit dem Rücken zum Publikum und telefoniert.

Schneeflocke 3: Wenn es zu warm wird, löst sich die Wolke vielleicht auf …

Schneeflocke 6: Aber das ist ja furchtbar! Ich will nach Hause!

Schneeflocke 5: Echt furchtbar – ich hatte mich so auf einen Sommerurlaub gefreut! Wie konnte das nur passieren? Ich kenne zwar keinen Schnee, aber ich glaube, ich hasse ihn!

Schneeflocke 2: Sei froh, dass du nicht in einer Gewitterwolke gelandet bist!

Schneeflocke 3 steht auf, rückt ihre Brille zurecht und will zu einem längeren Vortrag ansetzen.

Schneeflocke 3: Oh ja, Kumulonimbus sind …

Schneeflocke 2 steht nun ebenfalls auf und schiebt Schneeflocke 3 demonstrativ zur Seite.

Schneeflocke 2: Ratet mal, was ich bin! *(wiederholt es noch einmal)*

Die anderen Schneeflocken schauen ratlos. Schneeflocke 3 setzt sich wieder auf den Tisch.

Schneeflocke 2: Ist doch klar: Ein SCHNEEschieber!

Schneeflocke 2 hüpft wie ein Hase.

Alle: SCHNEEhase!

Schneeflocke 2 klingelt mit einem Glöckchen.

Alle: SCHNEEglöckchen!

Die Schneeflocken albern herum und lachen. Oberst Frostig kommt zurück.

Oberst Frostig: *(verärgert)* Was zum Himmeldonnerwetter ist denn hier los?

Schneeflocke 2: SCHNEEchaos! *(lachen lauthals)*

Oberst Frostig: *(seufzt)* Das ist keine Mission „Weiße Weihnacht" – das ist „Mission impossible"! Und da wundern sich

Mission: Weiße Weihnacht – 6/6

die Menschen, dass weiße Weihnachten manchmal ausfallen! Egal – ich gebe nicht auf!
(zu den Schneeflocken) Also, Männer, gleich geht es los! Wir haben die richtige Höhe, die Temperatur stimmt … Macht euch bereit!

Die Schneeflocken und Oberst Frostig stellen sich auf die Tische.

Schneeflocke 5: Hat jemand eine Mütze für mich? Ich friere bestimmt.
Schneeflocke 6: Ich glaube, ich muss auf die Toilette.
Oberst Frostig: Es geht los! Seht nur, wie schön es ist!

Die Schneeflocken werfen ihre Schneekugeln. Sie freuen sich und jubeln – auch Schneeflocke 5 und 6. Oberst Frostig betrachtet die Schneeflocken zufrieden.

Schneeflocke 5: Schnee ist doch das Beste!
Schneeflocke 6: Wie schön! Lasst uns abspringen!
Oberst Frostig: *(stolz)* Das ist meine Mannschaft – die beste auf der Welt!

Die Schneeflocken und Oberst Frostig fassen sich an den Händen und springen jubelnd vom Tisch. Gerd Graupel und Regina Diesig stehen am unteren Bühnenrand.

Gerd Graupel: Sie haben es geschafft! Es schneit!
Regina Diesig: Fröhliche Weihnachten überall!

 ISBN 978-3-8346-2964-7 | www.verlagruhr.de

Das Weihnachtskänguru – 1/3

Klassenstufe: 1–3
Zeitaufwand: 5–10 Minuten

Darum geht es

Ein Känguru macht sich an Heiligabend auf, um zu erleben, wie das Christkind geboren wird – und in seinem Beutel ist Platz für viele tolle Geschenke. Auf dem Weg begegnen ihm einige Tiere (Tiere sind variabel und können nach Belieben ergänzt oder verändert werden), doch erst die Eule klärt das Känguru darüber auf, dass es das Christkind nicht besuchen kann: Denn die Weihnachtsgeschichte hat sich schon vor vielen Jahren zugetragen! Doch was soll nun mit den vielen Geschenken in seinem Beutel geschehen? Eine Antwort ist schnell gefunden – und so wird aus dem Känguru noch ein echtes Weihnachtskänguru.

Bühnenbild

Dieses Theaterstück lässt sich ohne Bühnenbild aufführen. Der Fantasie sind hierbei allerdings keine Grenzen gesetzt: Ob Waldrequisiten oder eine komplette Wohnzimmereinrichtung – der Weg und das Zuhause des Kängurus lassen sich auf individuelle Weise gestalten.

Kostüme

Die Kinder verwenden für die Darstellung der Tiere die auf den Seiten 12–16 abgebildeten Tiermasken. Ihre Kleidung sollte den Farben der Tiere entsprechen. Für das Kostüm des Kängurus werden außerdem eine Weihnachtsmütze sowie ein vor den Bauch geschnallter und mit Geschenken befüllter Rucksack benötigt.

Rollen

- Känguru
- Hase
- Esel
- Igel
- Eule

Das wird benötigt

- Tiermasken (s. S. 12–16), farblich passende Kleidung (Kostüm Tiere)
- Rucksack mit Geschenken, Weihnachtsmütze (Kostüm Weihnachtskänguru)

Das Weihnachtskänguru – 2/3

Der Hase steht entspannt auf der Bühne. Das Känguru kommt von rechts fröhlich winkend dazu. Sein Beutel ist voller Geschenke.

Känguru: Hallo, Hase *(Tiernamen anpassen)*! Juhu, ich werd ein Weihnachtskänguru!

Hase: WAS wirst du?

Känguru: Hab ich dir schon erzählt,
das Christkind kommt heute auf die Welt?
Und in meinem Beutel sind lauter Sachen,
um dem Christkind eine Freude zu machen!

Hase: Du willst also JETZT zum Christkind hin?

Känguru: Na klar! *(tippt sich an die Stirn)*
Was glaubst du, warum ich auf Reisen bin?

Hase: Aber …

Schon hüpft das Känguru fröhlich winkend weiter und verlässt die Bühne zur linken Seite. Der Hase verlässt die Bühne kopfschüttelnd in entgegengesetzter Richtung. Danach betreten Esel und Igel die Bühne und die erste Szene wiederholt sich beide Male. Als Letztes trifft das Känguru auf die Eule.

Känguru: Hallo, Eule! Juhu, ich werd ein Weihnachtskänguru!

Eule: Ich sehe, du hast in deinem Beutel lauter Sachen,
willst du dem Christkind eine Freude damit machen?

Das Känguru nickt eifrig.

Eule: Liebes Känguru, hat DIR schon mal jemand erzählt,
das Christkind kam vor vielen Jahren auf die Welt!
Nicht heute, nicht in diesem Jahr …

Känguru: Oh nein, ist das wirklich wahr?

Eule: Es wurde im Stall geboren bei Esel, Schaf und Kuh.

Känguru: *(enttäuscht)* Dann werde ich wohl doch kein Weihnachtskänguru.

Eule: Zu Weihnachten erinnern wir uns an diese besondere Zeit,
doch besuchen kannst du das Kind heute nicht –
tut mir leid!

Das Känguru setzt sich nachdenklich auf den Bühnenrand und überlegt. Plötzlich springt es freudig auf.

Das Weihnachtskänguru – 3/3

Känguru: He, Eule!
Ich lad dich zu mir nach Hause ein!
Eule: Das ist aber nett! Dann werde ich gleich bei dir sein!

Das Känguru hüpft fröhlich winkend weiter und verlässt die Bühne zur linken Seite. Die Eule verlässt die Bühne in entgegengesetzter Richtung. Das Känguru trifft nun in umgekehrter Reihenfolge alle Tiere wieder (Igel, Esel, Hase) und lädt sie – wie oben die Eule – zu sich nach Hause ein. Schließlich steht das Känguru allein auf der Bühne und die anderen Tiere treffen gemeinsam ein.

Känguru: Das Weihnachtswunder ist schon vor langer Zeit geschehen.
Das Christkind werde ich heute nicht sehen!
Aber in meinem Beutel habe ich tolle Sachen
und damit möchte ich EUCH eine Freude machen!

*Das Känguru verteilt Geschenke an alle Tiere.
Die Stimmung ist ausgelassen.*

Känguru: Wisst ihr was? So macht Weihnachten mir richtig Spaß!
Und Eule, was sagst du?
Eule: Du verteilst mit Freude Geschenke
und hast sogar einen Beutel dazu!
Du bist, ganz klar: das Weihnachtskänguru!

Die Eule setzt dem Känguru eine Weihnachtsmütze auf.

Die Weihnachtskonferenz – 1/5

Klassenstufe: 3–4
Zeitaufwand: 10–15 Minuten

Darum geht es

Die Weihnachtsvertreter verschiedener Länder treffen sich zu einer ersten gemeinsamen Weihnachtskonferenz, um sich über landestypische Sitten und Bräuche auszutauschen. Und dabei geht es durchaus turbulent zu …

Bühnenbild

Die Konferenztische sollten u-förmig aufgestellt werden und mit der offenen Seite zum Publikum zeigen. Der Wichtige Wichtel sitzt am Kopfende und wird von den Weihnachtsvertretern flankiert:

Die Sitzplätze der Weihnachtsvertreter sollten mit der jeweiligen Landesflagge gekennzeichnet sein: Das erleichtert die richtige Zuordnung für die Rollen und Publikum gleichermaßen.

Kostüme

Die Weihnachtsvertreter brauchen keine vollständigen Kostüme – schließlich reisen sie inkognito an. Eine Weihnachtsmütze reicht aus. Der australische Weihnachtsmann trägt außerdem eine Sonnenbrille und farbenfrohe Shorts mit einem langen Mantel darüber. Befana sollte als Hexe erkennbar sein. Für das Hasenkostüm kann die auf Seite 15 abgebildete Tiermaske verwendet werden.

Rollen

- Wichtiger Wichtel
- Weihnachtsmann (Deutschland)
- Befana (Italien)
- Santa Claus (USA)
- Father Christmas (England)
- Père Noël (Frankreich)
- Väterchen Frost (Russland)
- Santa Claus (Australien)
- Osterhase

Das wird benötigt

- mehrere Tische und Stühle
- Flaggen, Namensschilder
- 6 Weihnachtsmützen (Kostüm Weihnachtsmänner)
- Sonnenbrille, Mantel, Shorts (Kostüm Santa Claus Australien)
- Besen, Hexenhut (Kostüm Befana)
- Mütze, Glöckchen (Kostüm Wichtel)
- Tiermaske (s.S. 15) (Kostüm Osterhase)

Die Weihnachtskonferenz – 2/5

Der Wichtige Wichtel und einige Weihnachtsmänner stehen in der Mitte der Tische und unterhalten sich. Nach und nach betreten auch die übrigen Weihnachtsmänner die Bühne, begrüßen einander und schließen sich der Unterhaltung an. Befana und der australische Weihnachtsmann kommen erst später dazu. Schließlich geht der Wichtige Wichtel zum Kopfende der Tische und gibt ein akustisches Signal. Daraufhin nehmen die Weihnachtsvertreter ihre Plätze ein.

Wichtiger Wichtel: Herzlich willkommen! Ich begrüße euch hiermit alle zur ersten internationalen Weihnachtskonferenz. Wie ich sehe, fehlen noch 2 Teilnehmer.

Santa Claus (USA): Yeah! Gleich zu meiner rechten ist noch Platz für … *(nimmt sich das Namensschild)* … die gute Fee Befana aus „good old Italy". Wow, ich bin echt gespannt: ein Weihnachtsgirl aus Italien, eine echte Fee …

Befana betritt von hinten die Bühne, sodass Santa Claus sie noch nicht sehen kann.

Santa Claus (USA): Bestimmt ist sie wunderschön – ob ich wohl einen Wunsch bei ihr …

Santa Claus dreht sich um, erblickt Befana und fällt vor Schreck vom Stuhl.

Wichtiger Wichtel: Hallo, Befana! Schön, dass du kommen konntest!

Santa Claus (USA): Oh Mann, hab ich mich erschreckt! Nichts für ungut, okay?

Befana: Alles okay! Ich habe nicht vor, dich in einen Frosch zu verwandeln. Schließlich bin ich eine GUTE Fee!

Der australische Santa Claus betritt die Bühne.

Santa Claus (Australien): Hi Guys! Sorry für die Verspätung, aber ich musste mir noch diesen Mantel besorgen. Es ist schrecklich kalt hier! Das bin ich nicht gewohnt zu dieser Zeit. Außerdem haben mich die Leute auf dem Flughafen etwas komisch angeschaut – ich verstehe gar nicht warum!

Der australische Santa Claus zieht den Mantel aus und hängt ihn über einen Stuhl. Dabei kommen seine bunten Shorts zum Vorschein.

Die Weihnachtskonferenz – 3/5

Weihnachtsmann: *(kichert)* Das kann ich verstehen! WER ist das?

Der amerikanische Santa Claus steht auf und begrüßt seinen australischen Namensvetter per Handschlag.

Santa Claus (Australien): Hi Santa!

Santa Claus (USA): Hi Santa! Alles klar bei euch in „Down Under"?

Santa Claus (Australien): Klar, Mann! Die Sonne brennt – wie immer!

Wichtiger Wichtel: Setzt euch doch bitte auf eure Plätze.

Die beiden Santas nehmen Platz.

Père Noël: *(zum australischen Santa Claus)* Ah, oui! Jetzt weiß ich es: Du kommst aus Australien! Dort ist Weihnachten im Sommer – bei 30 Grad im Schatten!

Väterchen Frost: 30 Grad ÜBER null? Das ist nicht möglich! Bei uns ist 30 Grad UNTER null normal!

Santa Claus (Australien): Nein! Bist du etwa ein Eisbär, oder was?

Väterchen Frost: Ich bin Väterchen Frost aus Russland. Und dort haben wir immer weiße Weihnachten!

Father Christmas: Weiße Weihnachten? Ein echter Traum!

Weihnachtsmann: Oh ja, das hätten wir gerne auch etwas zuverlässiger!

Père Noël: Wem sagst du das?!

Befana: Bei uns in Italien ist es auch mal so, mal so …

Santa Claus (USA): In den USA haben wir dafür die passende Lösung: KUNSTschnee! Einfach auf das Hausdach getackert, dazu noch ein paar Lichterketten – und schon haben wir eine tolle Weihnachtsstimmung!

Santa Claus (Australien): Nun, WIR haben auch weiße Weihnachten!

Alle: Echt??? Wie das denn?

Santa Claus (Australien): Na ja, wir haben ziemlich geniale, weiße Strände. Und da feiern wir Surfer gerne. Das sind UNSERE weißen Weihnachten!

Wichtiger Wichtel: Nun, das war doch schon mal ein spannender Einblick! Was ist denn so ganz besonders an eurem Weihnachtsfest?

Befana: ICH bin eigentlich schon besonders, denn ich bin die einzige Frau in unserer Runde. Ich habe zwar auch einen

Die Weihnachtskonferenz – 4/5

männlichen Kollegen, aber traditionell bringe ICH die Geschenke!

Väterchen Frost: Ich bin auch nicht alleine unterwegs. Meine Enkelin, das Schneemädchen, begleitet mich. Und natürlich wird unser Schlitten von Pferden gezogen.

Santa Claus (USA): Wow, das ist spannend! Hat eins davon auch eine rote Nase?

Väterchen Frost: Wie euer Rudolph? Nein, es sind einfach 3 weiße Pferde.

Santa Claus (Australien): Ich hatte auch schon einmal ein paar Kängurus vor dem Schlitten!

Father Christmas: In England gibt es Weihnachten immer leckeren Plumpudding. Das Weihnachtsessen ist ziemlich lustig bei uns. Manche Engländer tragen auch so kleine Papphütchen.

Weihnachtsmann: Bei uns geht es eher festlich zu.

Père Noël: Und die Franzosen lieben auch ihr leckeres Weihnachtsessen! Na ja, man sieht es mir auch an *(zeigt auf seinen dicken Bauch).* Und dann erwarten sie, dass ich durch den Kamin klettere …

Befana: Das hört sich aber anstrengend an!

Santa Claus (USA): Ich könnte auch ein paar Diät-Tipps gebrauchen, ich hab schon öfters im Kamin festgesteckt! Aber es ist herrlich, wenn die Kinder am 25. Dezember ihre Geschenke öffnen!

Weihnachtsmann: Am 25. Dezember??? Bei uns gibt's am 24. Dezember Bescherung. Schließlich ist das der Heilige Abend!

Père Noël: Abends gibt es doch keine Bescherung. So ein Quatsch!

Väterchen Frost: Nein, der Heilige Abend ist aber eigentlich erst am 7. Januar. Ihr berechnet euren Heiligen Abend nach einem anderen Kalender.

Father Christmas: WAS??? Na, jetzt geht's aber langsam zu weit! Bekommen die russischen Kinder ihre Geschenke also erst am 7. Januar???

Väterchen Frost: Nein, die bekommen sie zu Silvester.

Santa Claus (USA): Aber da ist ja alles durcheinander!

Befana: Wieso denn das? Ich bringe die Geschenke auch erst im Januar am Dreikönigstag.

Kapitel-Icon: A. Boretzki | ISBN 978-3-8346-2964-7 | www.verlagruhr.de

Die Weihnachtskonferenz – 5/5

Weihnachtsmann: Ach herrje!
Väterchen Frost: Ihr bringt alles durcheinander!

Ab hier entwickelt sich eine lautstarke Diskussion. Alle reden durcheinander. Plötzlich betritt ein Osterhase mit dem Rücken zuerst das Konferenzzimmer, schließt die Tür und dreht sich um.

Osterhase: *(überrascht)* Ooooooh!

Die Weihnachtsvertreter verstummen und starren den Osterhasen an.

Osterhase: *(kichert)* Entschuldigung! Ich bin auf der Suche nach dem Kurs „Gute Zusammenarbeit zwischen Hasen und Hühnern". Ich dachte, das müsste hier sein, weil ich einen Haufen Hühner gackern hörte! Aber ihr seid … *(verlässt kichernd die Bühne)* … streitende Weihnachtshühner, äh, Weihnachtsmänner!

Die Weihnachtsvertreter schauen peinlich berührt.

Wichtiger Wichtel: Hat er gerade „Weihnachtshühner" gesagt?

Alle brechen in Gelächter aus.

Santa Claus (Australien): Irgendwie hat er ja Recht.
Väterchen Frost: So sollten wir uns wirklich nicht benehmen!
Wichtiger Wichtel: Es gibt eben doch noch viel zu lernen …
Santa Claus (Australien): Genau! Und deswegen freue ich mich schon auf unser nächstes Treffen – vielleicht ja bei uns in Down Under? Bringt eure Surfbretter mit!
Wichtiger Wichtel: Und hiermit schließe ich die erste internationale Konferenz der Weihnachtsvertreter. Fröhliche Weihnachten überall!

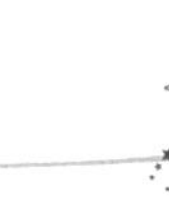

Die Reise um die Weihnachtswelt – 1/5

Klassenstufe: 2–3
Zeitaufwand: 10–15 Minuten

Darum geht es

Jonas begibt sich am Abend vor Weihnachten auf eine Reise voller Überraschungen: Er startet mit dem Weihnachtsexpress einen Erkundungsflug durch die Weihnachtswelt und begegnet dabei Kindern verschiedener Länder.

Bühnenbild

Im Grunde ist kein Bühnenbild erforderlich, ggf. können Wahrzeichen der besuchten Länder verwendet werden. Diese lassen sich im Kunstunterricht mit den Kindern gestalten. Auch Plakate zu den verschiedenen Weihnachtsbräuchen sind denkbar.

Kostüme

Jonas trägt einen Schlafanzug. Die anderen Kinder halten die Flagge ihres Heimatlandes in den Händen, eine besondere Kleidung ist nicht erforderlich. Für das Kostüm von Kapitän Wunderlich eignen sich eine Pilotenbrille und -mütze.

Rollen

- Jonas
- Kapitän Wunderlich
- Jan (Niederlande)
- Sarah (Großbritannien)
- Sophie (Frankreich)
- Tjure (Schweden)
- Elsa (Finnland)
- Irina (Russland)
- Carlos (Spanien)
- David (USA)
- Nia (Kenia)
- Rebecca (Australien)

Das wird benötigt

- Schlafanzug (Kostüm Jonas)
- Pilotenbrille, Pilotenmütze (Kostüm Kapitän Wunderlich)
- CD (Flugzeuggeräusch, Weihnachtsmusik), Abspielgerät
- Flaggen der besuchten Länder (Niederlande, Großbritannien, Frankreich, Schweden, Finnland, Russland, Spanien, USA, Kenia, Australien)
- ggf. Wahrzeichen, Plakate

Die Reise um die Weihnachtswelt – 2/5

Jonas steht im Schlafanzug auf der Bühne und schaut aus dem Fenster hinaus.

Jonas: Was ist Weihnachten wohl in anderen Ländern los?
Wie feiern dort die Menschen bloß?

Jonas wird müde und legt sich zum Schlafen auf die Bühne. Plötzlich ist ein lautes Flugzeuggeräusch (falls nicht vorhanden, geht auch laute Weihnachtsmusik) zu hören und Kapitän Wunderlich betritt die Bühne. Jonas wacht auf.

Jonas: Träume ich oder bin ich wach?
Kapitän: Ich hab gehört, du denkst über Weihnachten nach?
Jonas: Ähhh, ja …
Kapitän: Draußen steht mein Flieger bereit –
wir erkunden zusammen die Weihnachtszeit!
Willst du mit?
Jonas: Na klar!
Kapitän: Steig ein, es wird Zeit, dass der Flieger startet!
Es gibt Kinder, von denen werden wir schon erwartet!
Jonas: Kinder? Aber woher wissen sie, dass wir kommen?
Kapitän: Mein Weihnachtsflieger hat sie alle auch schon einmal mitgenommen!

Der Kapitän und Jonas stellen sich hintereinander und breiten die Arme aus. Weihnachtsmusik setzt ein und sie fliegen los – durch die Publikumsreihen. Währenddessen wird die Kulisse für die Niederlande aufgebaut. Jan betritt mit seinem Fähnchen die Bühne, setzt sich hin und wartet. Er sieht das Flugzeug und winkt.

Kapitän: Die Niederlande (Ländername anpassen) – das ist der erste/nächste Ort.
Jan *(Name anpassen)* erwartet uns schon dort.
Jonas: Ich setz mich hin und schnall mich an,
damit der Flieger landen kann!

Die Kinder begrüßen sich.

Jan: Sinterklaas kommt am 5. Dezember zu uns nach Haus
so wie bei euch der Nikolaus.

Die Reise um die Weihnachtswelt – 3/5

	Und sein Helfer, der Zwarte Piet, der kommt natürlich auch noch mit!
Jonas:	Das ist aber wirklich interessant.
Kapitän:	Aber nun fliegen wir in ein anderes Land!
Jonas:	Vielen Dank und auf Wiedersehen!
Kapitän:	Dann kann es jetzt ja weitergehen!

Die Kinder verabschieden sich. Der Kapitän und Jonas stellen sich hintereinander und breiten die Arme aus. Weihnachtsmusik setzt ein und sie fliegen los – durch die Publikumsreihen. Währenddessen wird die Kulisse für das nächste Land aufgebaut. Der Kapitän und Jonas wiederholen ihren Text jedes Mal, wenn sie im nächsten Land landen. Sie treffen nun auf Sarah (Großbritannien), Sophie (Frankreich), Tjure (Schweden), Elsa (Finnland), Irina (Russland), Carlos (Spanien), David (USA), Nia (Kenia) und Rebecca (Australien).

Sarah:	Father Christmas kommt zu uns nach Haus. Unsere Geschenke packen wir erst am Weihnachtsmorgen aus. Wir hängen Socken an den Kamin oder vor das Bett und unser Plumpudding schmeckt wirklich nett! (…)
Sophie:	Wir gehen in die Kirche und das Essen danach schmeckt sensationell! Die Geschenke bringt uns Père Noël. Er kommt zu uns in der Nacht. Unsere Geschenke werden erst am nächsten Tag aufgemacht. (…)
Tjure:	Die heilige Lucia ist wichtig in unserer Weihnachtszeit. Mit ihrem Lichterkranz sieht man sie ganz weit. Weihnachten kommt Jultomten zu uns nach Haus und wir packen die Geschenke, wie ihr, am Heiligen Abend aus. (…)

Die Reise um die Weihnachtswelt – 4/5

Elsa: Hier bei uns in Finnland, da wohnt der echte Weihnachtsmann!
Vielleicht weil er in Lappland so viele Rentiere finden kann?
Joulupukki, so heißt er hier.
Die Geschenke bekommen wir abends, so wie ihr!

(…)

Irina: Ich freue mich, wenn ich an Weihnachten denke:
Väterchen Frost bringt uns die Geschenke.
Und sein Schlitten wird – ganz ungelogen –
von 3 weißen Pferden gezogen.

(…)

Carlos: Weihnachtsbäume gibt es bei uns eher nicht zu sehen.
Doch schmücken wir unsere Krippen besonders schön.
Die Heiligen drei Könige sind ganz wichtig hier.
Geschenke bekommen wir von ihnen – anders als ihr.

(…)

David: Durch den Kamin kommt Santa Claus
und bringt Geschenke zu uns nach Haus.
Rudolph, ich glaub, den kennt auch ihr,
ist sein besonderes Weihnachtsrentier.

(…)

Nia: Wir Kinder bereiten das Essen vor und putzen das Haus.
Mit Nachbarn und Freunden tauschen wir Geschenke aus.
Es wird gesungen und viel gelacht.
Wir tanzen – auch bis spät in die Nacht!

(…)

Rebecca: Santa Claus heißt unser Weihnachtsmann,
nur hat er auch schon mal kurze Hosen an.
Weihnachten haben wir Sommer in unserem Land.
Und manchmal feiern wir auch am Strand.

Kapitel-Icon: A. Boretzki | ISBN 978-3-8346-2964-7 | www.verlagruhr.de

Die Reise um die Weihnachtswelt – 5/5

Jonas: Das ist aber wirklich interessant.
Kapitän Aber nun fliegen wir in ein anderes Land!
Jonas: Vielen Dank und auf Wiedersehen!
Kapitän: Dann kann es jetzt ja weitergehen!

Der Kapitän und Jonas starten ein letztes Mal.

Kapitän: Schau, da unten ist euer Haus!

Sie landen.

Kapitän: Wir sind nun zurück. Schlaf dich gut aus!
Und vielleicht bekommst auch du Weihnachtsbesuch
im nächsten Jahr – bist du dabei?
Jonas: Ich freu mich drauf – na klar!

Der Kapitän verlässt die Bühne. Jonas legt sich wieder schlafen.

Jonas: Ich bin sicher, dass ich jetzt gut schlafen kann.
Und morgen kommt das Christkind – oder der
Weihnachtsmann!

Der entführte Weihnachtsstern – 1/5

Klassenstufe: 3–4
Zeitaufwand: 10–12 Minuten

Darum geht es

Der Weihnachtsstern steht hell leuchtend am Himmel – doch er wird einfach nicht beachtet. Also steigt er hinab auf die Erde, um die Menschen auf sich aufmerksam zu machen. Dabei wird er jedoch von Räubern entführt, die ein Lösegeld für ihn erpressen wollen. Das Vorhaben stellt sich aber nicht ganz so einfach dar – und nimmt eine überraschende Wende.

Bühnenbild

Für das Bühnenbild wird eine Leiter benötigt. Sie verbleibt während der ganzen Vorstellung auf der Bühne. Das Räuberversteck befindet sich in einer Höhle. Diese lässt sich leicht mit zwei Sonnenschirmen und darüber drapierten Decken darstellen. In der Höhle befinden sich ein Laptop und mehrere Sitzgelegenheiten.

Kostüme

Als Weihnachtsstern dient ein Laternenstab, an dem ein großer Stern befestigt ist. Der Stab wird von einem Kind in heller Kleidung gehalten. Für die Kostüme der Räuber können schwarze Augenbinden und dunkle Kleidungsstücke verwendet werden.

Rollen

- Weihnachtsstern
- Sprecher
- Räuber 1
- Räuber 2
- Räuber 3
- mehrere Passanten

Das wird benötigt

- Leiter
- Laternenstab mit großem Stern, helle Kleidung (Kostüm Weihnachtsstern)
- mehrere Handys, Tablet, Kopfhörer (Kostüm Passanten)
- 3 Augenbinden, dunkle Kleidung,- Bettbezug (Kostüm Räuber)
- 2 Sonnenschirme, mehreren Decken, Sitzgelegenheiten, Laptop (Räuberversteck)
- Nachrichtensignal

Kapitel-Icon: A. Boretzki | ISBN 978-3-8346-2964-7 | www.verlagruhr.de

Der entführte Weihnachtsstern – 2/5

Der Weihnachtstern steigt fröhlich am Himmel auf (Leiter hochklettern) und leuchtet.

Weihnachtsstern: Endlich Weihnachten! Was für eine besondere Zeit: Zeit für Ruhe, Zeit für Frieden. Zeit für MICH, die Menschen daran zu erinnern – und ihnen auch heute noch den Weg zu weisen!

Ein Fußgänger betritt die Bühne.

Weihnachtsstern: Ah, da kommt jemand: jetzt besonders schön leuchten und …

Der Fußgänger schaut jedoch nur auf sein Handy und geht weiter, ohne den Stern zu bemerken.

Weihnachtsstern: Na so etwas! Er hat mich nicht gesehen?! Na ja, da kommt der nächste …

Nach und nach betreten weitere Fußgänger die Bühne, ohne den Stern zu bemerken: Einer telefoniert, der nächste trägt Kopfhörer und wieder ein anderer ist mit seinem Tablet beschäftigt.

Weihnachtsstern: Das gibt es doch nicht! Es schaut einfach keiner mehr hoch – ich muss mich anders bemerkbar machen! HALLO! HIER OBEN IST DER …

Der Weihnachtsstern wird durch eine laute Werbeansage unterbrochen.

Sprecher: Jetzt das neue Superhandy kaufen: Surfen, Telefonieren und Spielen – alles gleichzeitig! Für nur 19,95 € täglich!

Weihnachtsstern: So, jetzt reicht's!

Der Weihnachtsstern macht sich daran, vom Himmel hinabzusteigen. Währenddessen treten die drei Räuber an den Rand der Bühne.

Räuber 1: He, Leute! Was passiert denn da?!

Räuber 2: Seht ihr, was ich sehe?

Räuber 3: Ist das eine Sternschnuppe?

Räuber 1: Ach was! Der Stern dort fällt nicht, der klettert!

Räuber 2: Das gibt's doch nicht!

Der entführte Weihnachtsstern – 3/5

Räuber 3: Oh Mann: Es ist Weihnachten! Und da vorne ist ein riesiger Stern! Wisst ihr, wer das ist?

Räuber 1+2: DER WEIHNACHTSSTERN! Hammer!

Räuber 3: Und wisst ihr, was das bedeutet?

Räuber 1: … dass ein Wunder geschieht?

 *Räuber 3 gibt Räuber 1 einen leichten Schlag auf den Hinterkopf.*

Räuber 3: Quatsch!

Räuber 2: … dass wir Menschen daran erinnert werden, was Weihnachten wirklich bedeutet?

 *Räuber 3 gibt Räuber 2 einen leichten Schlag auf den Hinterkopf.*

Räuber 3: Quatsch! Das bedeutet, dass wir jetzt endlich reich werden!
Los! Holt einen Sack – den schnappen wir uns!

Räuber 1: Oh, du meinst …?

Räuber 3: Na klar!

Räuber 2: Ein super Plan!

 *Die Räuber schleichen sich von hinten an den Weihnachtsstern heran und stülpen ihm den Bettbezug über.*

Weihnachtsstern: Was ist denn jetzt schon wieder …!

 *Die Räuber schaffen den Weihnachtsstern – gut verpackt – von der Bühne.*

Weihnachtsstern: *(ruft laut)* Ich bin DER Stern – holt mich hier raus!

 *Die Kulisse wird zum Versteck der Räuber umgebaut.*
Die Räuber und der Weihnachtsstern kehren auf die Bühne zurück.

Räuber 3: So, da wären wir. Hier sind wir erst mal sicher!

Räuber 1: Juhu! Das war … das genialste Ding, das wir je gedreht haben! Das ist … Aber, was machen wir jetzt eigentlich mit ihm?

Räuber 2: Oh, ich wollte schon immer mal einen eigenen Stern haben. Es gibt doch diesen Film „Lauras Stern", und ich …

 *Räuber 3 gibt Räuber 2 einen leichten Schlag auf den Hinterkopf.*

Der entführte Weihnachtsstern – 4/5

Räuber 3: Wir werden ihn wieder freilassen!
Weihnachtsstern: *(im Sack, erleichtert)* Puh!
Räuber 3: … gegen ein saftiges Lösegeld!
Weihnachtsstern: WAAAS?! *(verzweifelt)* Ich bin DER Stern – holt mich hier …
Räuber 3: Ruhe! So einen Blödsinn will hier niemand hören!

Die Räuber beratschlagen, was mit dem Weihnachtsstern geschehen soll. Der Weihnachtsstern schält sich nach und nach aus dem Bettlaken heraus, um aktiver an dem Gespräch teilzunehmen.

Räuber 2: Aber wer soll denn das Lösegeld bezahlen? Er hat doch keine Eltern, oder?
Räuber 3: Mensch, das hier ist der WEIHNACHTSstern! DER Weihnachtsstern! Es gibt etliche Möglichkeiten: Wir könnten zum Beispiel Kontakt zu den Hirten aufnehmen.
Räuber 1: Genau!
Weihnachtsstern: Pah! Zu den Hirten … Heute stehen gar nicht mehr so viele Schafe auf der Weide – alles elektronisch: die Fütterung, das Scheren …
Räuber 3: Na, dann eben die 3 Weisen aus dem Morgenland! Ihnen hat er schließlich den Weg gewiesen.
Räuber 2: Die sind auch superreich!
Weihnachtsstern: Pah! Ob weise oder nicht: Navigationssysteme – so findet man heute seinen Weg! Wer braucht dafür schon einen Stern?
Räuber 1: Aber du bist der Weihnachsstern! Alle brauchen dich, damit sich die frohe Weihnachstbotschaft verbreitet.
Weihnachtsstern: Pah! Heute gibt es das Internet …
Räuber 1: Aber …
Weihnachtsstern: E-Mails, Facebook® …
Räuber 2: Aber …
Weihnachtsstern: Instagramm®, Google® und wie das alles heißt – so verbreiten sich Botschaften heute! Wer braucht heute noch einen Stern dazu?
Räuber 2: Aber das ist ja furchtbar!

Der entführte Weihnachtsstern – 5/5

Weihnachtsstern: Alle schauen nur noch auf ihr Handy. Niemand schaut mehr in den Himmel …

Räuber 1: Armer Stern!

Räuber 3: Wir müssen etwas tun! Es ist Zeit, dass die Menschen wieder lernen, in den Himmel zu schauen und DU *(zeigt auf den Stern)* zeigst den Menschen wieder den richtigen Weg! Also los: In den Himmel mit dir! Und leuchte so schön du kannst!

Weihnachtsstern: Okay, aber …

Räuber 3: Um den Rest kümmern wir uns. Ich hab da schon eine Idee!

Der Weihnachtstern steigt am Himmel auf (Leiter hochklettern) und leuchtet. Räuber 3 holt nun seinen Laptop hervor und beginnt demonstrativ zu tippen. Räuber 1 und 2 schauen ihm dabei über die Schulter. Schließlich klappt Räuber 3 den Laptop zu und gibt dem Weihnachtsstern am Himmel das Daumen-hoch-Zeichen. Die Räuber begeben sich nun an den Bühnenrand, um zu beobachten.

Die Fußgänger von vorher betreten erneut die Bühne, ohne den Stern zu bemerken: Dieses Mal ist jeder mit seinem Handy beschäftigt. Plötzlich ertönt ein Nachrichtensignal. Die Fußgänger halten inne und schauen in den Himmel. Beschämt stecken sie Ihre Handys weg, um den Weihnachtsstern zu betrachten.

Räuber 1: Es hat geklappt!

Räuber 2: Aber was ist eigentlich mit unserem Lösegeld?

Räuber 3: Das nächste Mal schnappen wir ihn uns. Und dann WERDEN ihn die Menschen vermissen. Schließlich haben sie nun gelernt, wieder hinzuschauen!

In der Weihnachtsherberge – 1/4

Klassenstufe: 3–4
Zeitaufwand: 10–12 Minuten

Darum geht es

Es ist Heiligabend und in der Herberge „Zum weißen Hirsch" herrscht alljährliche Weihnachtshektik. Die Kellner haben alle Hände voll zu tun. In der Gaststube findet sich kein freier Tisch mehr und alle Zimmer sind ausgebucht. Da ist kein Platz mehr für plötzlich auftauchende Gäste! Oder etwa doch? Es ist Zeit, sich an die erste Heilige Nacht zu erinnern: Die klassische Weihnachtsgeschichte wird aufs Neue erzählt und in das szenische Spiel integriert.

Bühnenbild

Auf der Bühne stehen mehrere Stühle und Tische mit Geschirr. Die Tische und Stühle sollten sich schnell beiseiteräumen lassen, um den Blick auf die Weihnachtsgeschichte freizugeben.

Variante 1

Die Weihnachtsgeschichte wird von den Kindern pantomimisch dargestellt.

Variante 2

Alternativ lässt sich die Weihnachtsgeschichte auch in Form eines Schattentheaters mithilfe von Stabpuppen und Tageslichtprojektor erzählen.

Kostüme

Für das Kostüm der Kellner werden eine Schürze, ein Tablett und ein Geschirrtuch benötigt. Die Gastwirte tragen ebenfalls eine Schürze, sollten sich aber optisch von den Kellnern abheben. Für das Kostüm von Maria und Josef sollten zerschlissene Kleidungsstücke verwendet werden.

Rollen

- mehrere Gäste
- 2 Kellner
- Gastwirt
- Maria (Geschichte)
- Josef (Geschichte)
- mehrere Gastwirte (Geschichte)

Das wird benötigt

- mehrere Tische und Stühle, Geschirr
- mehrere Schürzen (Kostüm Kellner und Wirte)
- 2 Tabletts, 2 Geschirrtücher, Heft (Kostüm Kellner)
- zerschlissene Kleidung (Variante 1, Kostüm Maria und Josef)
- Stabpuppen, Tageslichtprojektor (Variante 2)

 | ISBN 978-3-8346-2964-7 | www.verlagruhr.de

In der Weihnachtsherberge – 2/4

Alle Tische sind belegt und die Gäste reden durcheinander. Die Kellner haben alle Hände voll zu tun und rennen von einem Tisch zum nächsten.

Gast: Ich hätte gern die Speisekarte!
Alle Kellner: Kommt sofort!
Gast 2: Ein Wasser, bitte!
Alle Kellner: Natürlich!

Die Gäste rufen die Kellner immer wieder zu sich, um etwas zu bestellen. Die Kellner bewegen sich im Lauftempo, um die Wünsche zu erfüllen. Schließlich treten sie erschöpft an den vorderen Bühnenrand.

Kellner 1: Puh, immer dieser Weihnachtsstress!
Kellner 2: Die Gäste genießen hier ihren Urlaub …
Kellner 1: … und wir haben sooo viel Arbeit – wie jedes Jahr!
Kellner 2: Es sind alle Tische reserviert …
Kellner 1: *(schaut in ein Heft)* … und alle Zimmer ausgebucht!
Kellner 1+2: Wie jedes Jahr!
Gast 3+4: *(aus verschiedenen Richtungen)* Bedienung!

Die Kellner eilen an die Tische und bedienen weiter. Plötzlich ist hinter der Bühne ein lautes Türklopfen zu hören.

Kellner 1: Hat es da gerade an der Tür geklopft?
Kellner 2: Kommt, wir schauen nach!

Die Kellner verschwinden hinter der Bühne – und kehren kopfschüttelnd zurück. Der Wirt betritt ebenfalls die Bühne.

Wirt: Ich habe es klopfen gehört!
Kellner 2: Chef, stell dir vor: Da klopfen doch einfach eine Frau und ein Mann an und wollen für heute dringend ein Zimmer haben – einfach so!
Kellner 1: Und dann auch noch ohne Reservierung! Dabei ist restlos ausgebucht – schließlich ist Weihnachten!
Kellner 2: Die hatten ja nicht mal schicke Kleidung an! Dabei ist heute Weihnachten!
Wirt: … und ihr habt sie fortgeschickt?
Kellner 1+2: Natürlich – schließlich ist heute Weihnachten!
Wirt: Genau! Schließlich ist heute Weihnachten …

In der Weihnachtsherberge – 3/4

Besonders für uns Gastwirte ist es eine ganz besondere Zeit. Ich werde euch eine Geschichte erzählen.

Die Tische werden nun zur Seite gerückt und die Kellner und der Wirt begeben sich an den Bühnenrand. Der Wirt trägt die Weihnachtsgeschichte vor. Maria, Josef und mehrere Gastwirte betreten die Bühne, um die Geschichte pantomimisch zu begleiten.

Wirt: Es ist schon ewige Zeit her.
Ein Mann und eine Frau waren bereits sehr lange unterwegs.
Sie waren müde, sie froren und sie hatten Hunger.
Die Frau war schwanger.
Sie kamen an einer Herberge vorbei und klopften dort an.
Sie hatten natürlich nicht reserviert *(blickt Kellner 1 an)* und vielleicht trugen sie auch keine schicke Kleidung *(blickt Kellner 2 an).*
So wurden die beiden fortgejagt.
Bei den nächsten Herbergen erging es ihnen nicht besser.
Niemand ließ sie hinein, niemand gab ihnen ein Zimmer.
Als sie an der letzten Herbergstür klopften, öffnete man den beiden die Tür, denn der Wirt hatte Mitleid mit ihnen: Auch dort gab es kein freies Zimmer mehr – aber einen Stall hinterm Haus.
So waren sie wenigstens vor der Kälte geschützt und hatten einen Platz zum Ausruhen.
In dieser Nacht kam ein Kind auf die Welt – dort im Stall hinter der Herberge. Es war das allererste Weihnachten.

Maria, Josef und die Gastwirte verlassen die Bühne.

Wirt: Ich bin schon seit ewiger Zeit Wirt in dieser Herberge.
Und vor mir waren es meine Eltern.
Und davor waren es die Eltern meiner Eltern.
Die Geschichte von der ersten Heiligen Nacht ist für uns Gastwirte eine ganz besondere.

In der Weihnachtsherberge – 4/4

Vielleicht steht jemand vor der Tür, wenn kein Zimmer frei ist.
Vielleicht steht jemand vor der Tür, der keine schicke Kleidung trägt.
Und vielleicht braucht derjenige gerade ganz besonders nötig einen Platz zum Ausruhen …

Kellner 1: Oh nein, und wir haben …!

Kellner 2: Wie gemein von uns!

Kellner 1: Komm, wir machen uns auf die Suche – weit können die beiden noch nicht sein!

Kellner 2: Wir holen sie zurück!

Kellner 1: Wir haben doch noch das kleine Gebäude HINTER unserem Gasthaus …

Kellner 2: Stimmt, das Gebäude, das wir vor Jahren renoviert haben!

Die beiden eilen von der Bühne. Der Wirt schmunzelt.

Wirt: Ja, wir haben noch das Gebäude HINTER unserem Gasthaus – das Gebäude, das vor langer Zeit einmal ein Stall gewesen ist!

Sternchen – 1/3

Klassenstufe: 1–2
Zeitaufwand: 10–12 Minuten

Darum geht es

Der kleine Seestern sieht den Weihnachtsstern am Himmel. Er träumt davon, auch einmal dort zu stehen und diese besondere Aufgabe zu erfüllen. Er erzählt den Meeresbewohnern die Weihnachtsgeschichte – und wird dadurch, ohne sich darüber bewusst zu sein, selbst zu einem echten Weihnachtsstern.

Bühnenbild

Für das Bühnenbild dient alles, was geeignet ist, um die Bühne „meerestauglich" zu machen: Krepppapierstreifen in grün und blau, Fische aus Pappe, ein Fischernetz … Am Bühnenrand sollte sich ein großer Sessel für den Erzähler befinden.

Kostüme

Die Meeresbewohner lassen sich recht einfach mit einem großen Bild des jeweiligen Tieres versehen. Alternativ können auch Stabpuppen verwendet werden.

Rollen

- Erzähler
- Sternchen
- Weihnachtsstern
- Delfin
- Hai
- Qualle
- Krake

Das wird benötigt

- Krepppapierstreifen
- Fische aus Pappe
- Erzählsessel
- Tierbilder oder Stabpuppen

Sternchen – 2/3

Der Erzähler sitzt am Rand der Bühne. Sternchen betritt die Bühne.

Erzähler: Sternchen schaut in den Himmel und sieht dort die
Sterne stehen.
Ein Stern leuchtet besonders schön!
Es ruft:

Sternchen: He, wer bist denn du?

Weihnachtsstern: Nanu? Ich bin der Weihnachtsstern,
ein Stern, ein bisschen so wie du!
Willst du meine Geschichte hören?

Sternchen: Oh ja! Ich hör dir zu!

Erzähler: Und Sternchen erzählt von Maria und Josef und
dass sie auf Reisen sind.
Es erzählt von der Kälte und dem eisigen Wind.
Es erzählt vom Stall mit Esel, Schaf und Rind –
und natürlich von dem kleinen Kind.
Sternchen ist in dieser Nacht ganz lange wach
und denkt über die Geschichte des Weihnachtssterns
nach.

Sternchen: Ich möchte auch ein Weihnachtsstern sein!

Erzähler: Plötzlich fühlt sich Sternchen ganz unwichtig und klein!
Nachdenklich schwimmt es durchs Meer.
Die Weihnachtsgeschichte beschäftigt es sehr –
Da kommt auf einmal ein Delfin daher.

Der Delfin betritt die Bühne.

Delfin: Hallo, Sternchen, was ist mit dir denn los?
Siehst ja aus wie ein Trauerkloß!

Erzähler: Und Sternchen erzählt vom Weihnachtsstern,
von Maria und Josef und dass sie auf Reisen sind.

Der Hai betritt die Bühne.

Hai: Nanu, Sternchen, was erzählst denn du?

Delfin: Sei ganz schnell leise und hör einfach zu!

Erzähler: Und Sternchen erzählt vom Weihnachtsstern,
von Maria und Josef und dass sie auf Reisen sind.
Es erzählt von der Kälte und dem eisigen Wind.

Sternchen – 3/3

Die Qualle betritt die Bühne.

Qualle: Hallo, Sternchen, was erzählst denn du?
Delfin + Hai: Sei ganz schnell leise und hör einfach zu!
Erzähler: Und Sternchen erzählt vom Weihnachtsstern,
von Maria und Josef und dass sie auf Reisen sind.
Es erzählt von der Kälte und dem eisigen Wind.
Es erzählt vom Stall mit Esel, Schaf und Rind.

Der Krake betritt die Bühne.

Krake: Hallo, Sternchen, was erzählst denn du?
Delfin, Hai + Qualle: Sei ganz schnell leise und hör einfach zu!
Erzähler: Und Sternchen erzählt vom Weihnachtsstern,
von Maria und Josef und dass sie auf Reisen sind.
Es erzählt von der Kälte und dem eisigen Wind.
Es erzählt vom Stall mit Esel, Schaf und Rind –
und natürlich von dem kleinen Kind.
Delfin: Aber Sternchen, diese Geschichte ist doch wunderschön.
Warum nur bist du so traurig anzusehen?
Sternchen: Ich fühle mich so schrecklich klein.
Ich würde so gern auch ein Weihnachtsstern sein!
Hai: Aber Sternchen, wir hören deine Geschichte so gern –
du bist doch schon längst UNSER Weihnachtsstern!
Krake: Keiner hätte es je gedacht, doch du hast Weihnachten
zu uns ins tiefe Meer gebracht.
Erzähler: Und für alle ist es nun eine ganz besondere Nacht!

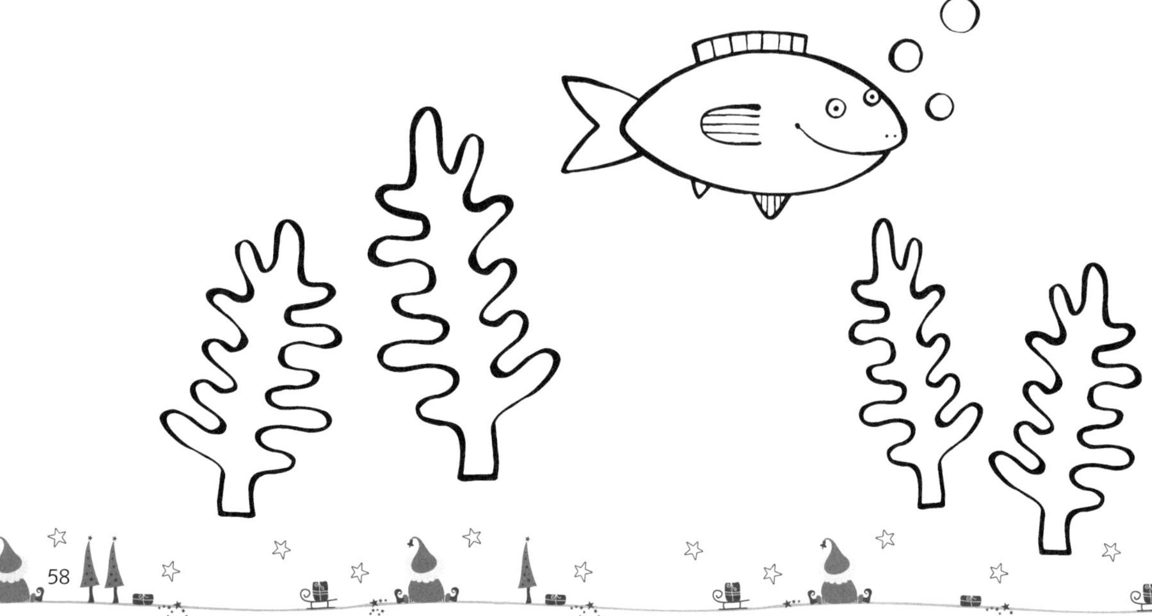

Gruppenaufführungen

Sternenhimmel – 1/3

Klassenstufe: 3–4
Zeitaufwand: 10–12 Minuten

Darum geht es

Bei dieser Aufführung wird sich der Kontrast von hell und dunkel zunutze gemacht: Mit einer Kerze in der Hand und vielen Wünschen auf den Lippen lassen die Kinder einen dunklen Himmel immer heller erstrahlen.

Bühnenbild

Die Bühne sollte abgedunkelt werden, damit der gewünschte Effekt erzielt wird. Hierzu können die Lichter ausgeschaltet und helle Möbel mit einem dunklen Bettlaken verdeckt werden.

Kostüme

Für einen besseren Kontrast empfiehlt es sich, helle (Kinder mit gerader Zahl) und dunkle (Kinder mit ungerader Zahl) Kleidung zu verwenden. Eine schöne Idee ist es, die Kinder im Vorfeld einen Stern passend zu ihrer Strophe gestalten zu lassen.

Personen

- bis zu 18 Kinder

Das wird benötigt

- helle und dunkle Kleidung
- 9 Kerzen (in Marmeladengläsern)
- ggf. selbst gebastelte Sterne
- ggf. dunkle Bettlaken

 ISBN 978-3-8346-2964-7 | www.verlagruhr.de

Sternenhimmel – 2/3

Die Kinder in dunkler Kleidung stehen bereits auf der Bühne. Die Kinder in heller Kleidung kommen einzeln und passend zu ihrer Strophe hinzu – jeweils mit einer Kerze in der Hand.

Kind 1 (dunkel): Manchmal schauen wir in die Welt hinaus
und der Himmel sieht irgendwie viel dunkler aus.
Menschen, die sich streiten
wegen unwichtiger Kleinigkeiten …

Kind 2 (hell): Ich habe den Wunsch nach mehr Gelassenheit mitgebracht,
auf dass er den dunklen Himmel heller macht!

Kind 3 (dunkel): Menschen, die das Beste nur für sich selber wollen,
nehmen, wo sie lieber geben sollen …

Kind 4 (hell): Ich habe den Wunsch nach mehr Großzügigkeit mitgebracht,
auf dass er den dunklen Himmel heller macht!

Kind 5 (dunkel): Menschen, die andere betrügen
und nur zum eigenen Vorteil lügen …

Kind 6 (hell): Ich habe den Wunsch nach mehr Ehrlichkeit mitgebracht,
auf dass er den dunklen Himmel heller macht!

Kind 7 (dunkel): Menschen, die wegschauen, wenn sie Unrecht sehen,
die einfach ganz schnell weitergehen …

Kind 8 (hell): Ich habe den Wunsch nach mehr Mut mitgebracht,
auf dass er den dunklen Himmel heller macht!

Kind 9 (dunkel): Menschen, die grausame Kriege führen,
die die Not der Opfer nicht spüren …

Kind 10 (hell): Ich habe den Wunsch nach Frieden mitgebracht,
auf dass er den dunklen Himmel heller macht!

Kind 11 (dunkel): Menschen, die sich hassen,
weil ihnen Hautfarbe und Glaube des anderen nicht passen …

Kind 12 (hell): Ich habe den Wunsch nach mehr Toleranz mitgebracht,
auf dass er den dunklen Himmel heller macht!

Kind 13 (dunkel): Menschen, die immer hetzen und keine Pause machen,
die so viel arbeiten, dass sie kaum noch lachen …

Kind 14 (hell): Ich habe den Wunsch nach mehr Zeit mitgebracht,
auf dass er den dunklen Himmel heller macht!

Sternenhimmel – 3/3

Kind 15 (dunkel): Menschen, die sich nur noch für sich selbst interessieren
und dabei den Blick für die anderen verlieren …

Kind 16 (hell): Ich habe den Wunsch nach mehr Mitgefühl mitgebracht,
auf dass er den dunklen Himmel heller macht!

Kind 17 (dunkel): Menschen, die die Umwelt zerstören,
die wissen, dass Pflanzen und Tiere sich kaum dagegen wehren …

Kind 18 (hell): Ich habe den Wunsch nach mehr Rücksicht mitgebracht,
auf dass er den dunklen Himmel heller macht!

Alle: Schauen wir jetzt in die Welt hinaus,
sieht der Himmel doch gleich viel heller aus!
Die Wünsche haben wir mitgebracht –
mal sehen, was ein jeder von uns daraus macht!

Ein kleines Licht – 1/2

Klassenstufe: 1–2
Zeitaufwand: 10–12 Minuten

Darum geht es

Die Kinder bringen die Bühne – in Form eines Sterns – zum Leuchten.

Bühnenbild

Der besondere Effekt wird durch die Aufstellung der Kinder und den Kontrast zwischen hell und dunkel erzielt. Der Raum sollte abgedunkelt werden – so kommen die Kerzen besonders gut zur Geltung. Damit der Stern als solcher erkennbar wird, sollten die Kinder sich hinsetzen und das Publikum einen Kreis um sie herum bilden. Für einen flüssigen Ablauf ist eine vorherige Markierung der einzelnen Positionen hilfreich:

Kostüme

Dunkle – einheitliche – Kleidung sorgt für einen besseren Kontrast.

Personen

- 21 Kinder

Das wird benötigt

- 21 Kerzen (in Marmeladengläsern)
- ggf. Bodenmarkierungen

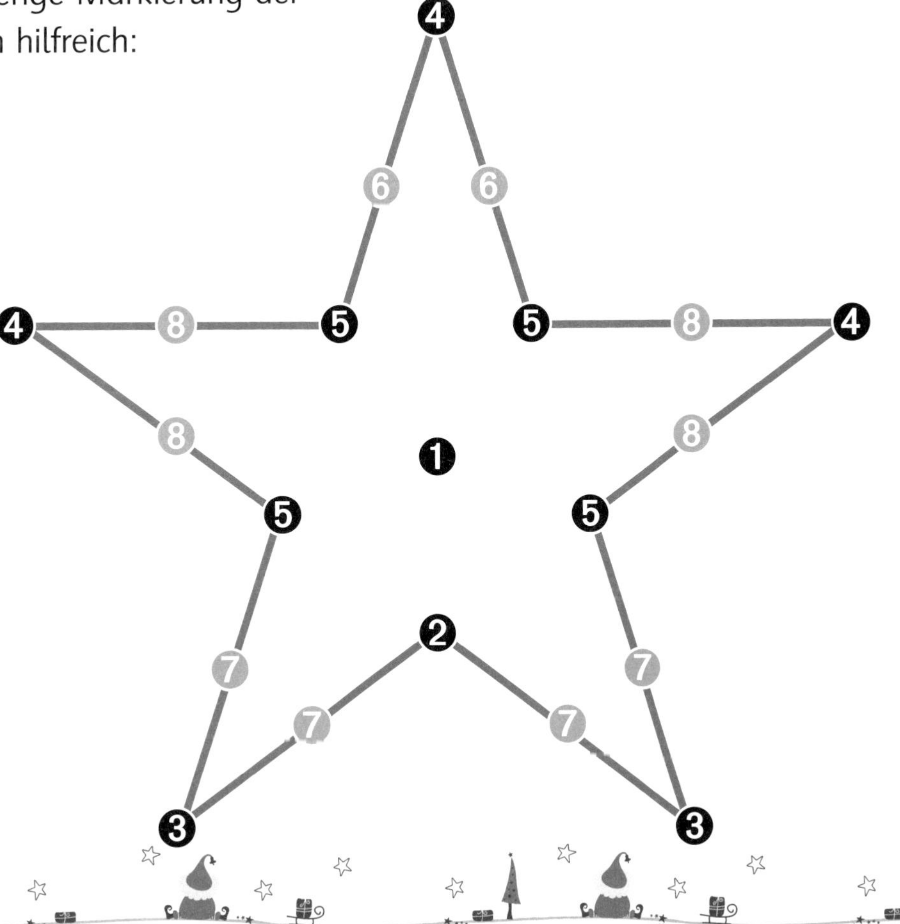

Kapitel-Icon: A. Boretzki | ISBN 978-3-8346-2964-7 | www.verlagruhr.de

Ein kleines Licht – 2/2

Das erste Kind steht bereits auf der Bühne. Es hält eine Kerze in der Hand.

Kind 1: Ein heller Stern in dunkler Nacht
hat die Menschen einst zusammengebracht.
Er zeigte den Weg und lud alle ein,
die Zeugen eines großen Wunders zu sein.
In meiner Hand halte ich ein Licht.
Es ist nur recht klein –
man sieht es fast nicht.
Denn ich bin allein!

Das zweite Kind betritt die Bühne. Es hält eine Kerze in der Hand.

Kind 2: Ich komme dazu,
allein bleibst du nicht.
Und mit mir bringe ich ein weiteres Licht.

Kind 1+2: In unserer Hand halten wir ein Licht.
Noch immer ist es klein,
noch reicht es nicht.
Lasst uns nicht allein!

Die beiden setzen sich und die nächsten Kinder betreten die Bühne.

Kinder 3: Wir kommen dazu,
allein bleibt ihr nicht.
Und mit uns bringen wir ein weiteres Licht!

Alle: In unserer Hand …

*Der Text wiederholt sich, bis sich alle Kinder
auf der Bühne befinden.*

Kinder 8: Wir kommen dazu,
allein bleibt ihr nicht.
Und mit uns bringen wir ein weiteres Licht!

Die Kinder setzen sich. Kind 1 steht auf.

Kind 1: In unserer Hand halten wir ein Licht.
Wir stehen zusammen dicht an dicht.
Unser Licht ist nun deutlich zu sehen.
Und leuchtet es nicht wunderschön?

A special light – 1/2

Klassenstufe: 2–4
Zeitaufwand: 5–10 Minuten

Darum geht es

Bei dieser kleinen Lichter-Performance in englischer Sprache bringen die Kinder die Bühne zum Leuchten – und das mit viel Fingerspitzengefühl und reichlich Körpereinsatz.

Bühnenbild

Die Bühne sollte abgedunkelt werden, damit die Kerzen besser zur Geltung kommen. Je nach gewählter Variante ist eine vorherige Markierung der einzelnen Positionen hilfreich.

Variante 1

Der Sprecher steht bereits auf der Bühne. Er hält eine Kerze in der Hand. Die anderen Kinder betreten paarweise (Textteil a und b) mit einer Kerze in der Hand die Bühne. Das eine Kind stellt sich dabei links, das andere rechts vom Sprecher auf. Die beiden halten mit der zum Sprecher zeigenden Hand ihre Kerze hoch und führen mit der anderen eine zu ihrem Text passende Bewegung aus. Nach jedem Reim schließt sich die Wiederholung „It's growing" an, wozu alle Kinder ihre Kerzen hochhalten.

Variante 2

Alle Kinder sitzen bereits – zu einem Stern angeordnet – auf der Bühne. In der Hand halten sie eine Kerze. Die Textteile werden nun allerdings nicht einzeln vorgetragen, sondern von mehreren Kindern gleichzeitig gesprochen. Hierzu stehen die Kinder auf, begleiten die Textpassage mit der entsprechenden Geste und nehmen wieder Platz. Es geht darum, interessante „Muster" zu finden und diese durch Aufstehen performen zu lassen: Ein synchroner Ablauf mit reichlich Power ist sehr eindrucksvoll, bedarf aber auch etwas Übung und Koordination.

Kostüme

Für einen besseren Kontrast empfiehlt es sich, dunkle Kleidung zu verwenden.

Personen

- bis zu 12 Kinder (Variante 1)
- beliebig (Variante 2)

Das wird benötigt

- 1 Kerze pro Kind (in Marmeladengläsern)
- ggf. Bodenmarkierungen

Kapitel-Icon: A. Boretzki | ISBN 978-3-8346-2964-7 | www.verlagruhr.de

A special light – 2/2

Sprecher:	A certain star in a special night – maybe it began with just a small light	*(Kerze hochhalten)*
Text 1a:	It's glimmering	*(zappelnde Fingerbewegungen machen)*
Text 1b:	It's shimmering	*(zappelnde Fingerbewegungen machen)*
Alle:	It's growing	*(Kerzen hochhalten)*
Text 2a:	It's sending	*(einen Kreis vor dem Bauch zeichnen)*
Text 2b:	Never ending	*(Arm langsam seitlich wegstrecken)*
Alle:	It's growing	*(Kerzen hochhalten)*
Text 3a:	It's reflecting	*(Hand wie einen Spiegel halten)*
Text 3b:	Affecting	*(Hand aufs Herz legen)*
Alle:	It's growing	*(Kerzen hochhalten)*
Text 4a:	It's beaming	*(Hand zur Faust ballen und schnell öffnen)*
Text 4b:	It's gleaming	*(zappelnde Fingerbewegungen machen)*
Alle:	It's growing	*(Kerzen hochhalten)*
Text 5a:	It's ready	*(Daumen hochhalten)*
Text 5b:	It's steady	*(betont gerade und stabil hinstellen)*
Alle:	It's growing	*(Kerzen hochhalten)*
Text 6a:	It's glowing	*(kleinen Sonnenaufgang darstellen)*
Text 6b:	It's knowing	*(mit Zeigefinger an Stirn tippen)*
Alle:	It's growing	*(Kerzen hochhalten)*
Sprecher:	Look at our light! Once it was small but now it shines bright – with the help of us all.	*(Arme ausbreiten)*

Kapitel-Icon: A. Boretzki; Kerzenglas: B. Weyland | ISBN 978-3-8346-2964-7 | www.verlagruhr.de

Gedichte

Adventskalender

Klassenstufe: 3–4
Zeitaufwand: 5–8 Minuten

Der Dezember fängt erst morgen an –
ach, wie jammerschade!
Denn hier IST mein Kalender voll leck'rer Schokolade:
Ob ich so lange warten kann?
Aber ja! Na klar! Ja, ja … Na ja …
Was hat sich wohl hinter der 1 versteckt?
Ein Schokostiefel – und wie der schmeckt!
Eine Blume hinter der 2,
ein Schaukelpferd hinter der 3.
Der Schlitten hinter der 4?
Ich muss sagen: Auch der schmeckt mir!
Die Schokolade aus 5, 6, 7 –
ich wusste, ich würde sie lieben!
Wo ist denn die 8?
Ha, gefunden und aufgemacht!
Das Glöckchen in der 9 und die Kerze in der 10
habe ich auch sofort geseh'n!
Die Birne in der 11, eine Puppe in der 12, in der 13 eine Uhr –
schnell verputzt, ganz ohne Spur!
14, 15, 16, 17 habe ich schnell gefunden
und schwupp: Hund, Katze, Maus und Haus sind in meinem Mund verschwunden!
Die 18 und 19 suche ich nicht lange
und vernasche gleich Herz und Schokoschlange.
Die 20 und 21 hab ich längst entdeckt.
Auch diese Schokolade hat mir geschmeckt!
In der 22 steckt eine Lok und in der 23 ein hübscher Hut –
alles lecker, wirklich gut!
Hinter der 24. Tür der große Stern –
den mag ich besonders gern!
So, das war's: Es ist alles weg! Alles weg?!
Oh, Schreck!
Mein Kalender WAR voll Schokolade,
ach, wie jammerschade!
Und der Dezember fängt erst morgen an …

Tipp!

Dieses Vorlesegedicht lebt besonders von einem dynamischen Vortrag mit viel Stimm- und Körpereinsatz. Ein großer Adventskalender lässt sich schnell und einfach aus Plakatkarton und nummerierten Klebezetteln erstellen. Während des Vortrags können die Zettel – mit entsprechender Dramatik – abgerissen werden.

Weihnachtszeit – 1/2

Klassenstufe: 3–4
Zeitaufwand: 5–8 Minuten

Tipp!

Dieses Gedicht lässt sich gut auf mehrere Kinder verteilen – und erhält so eine ganz eigene Dynamik.

Endlich, endlich ist es so weit:
Herrlich, friedvolle Weihnachtszeit!
Zeit zum Denken,
Zeit zum Genießen,
Zeit zum Entspannen,
Zeit zum … Schenken:
Zeit zum Geschenkekaufen –
Zeit, um in die Stadt zu laufen!

Ach, wie schön sieht diese Tasse aus –
ein herrliches Geschenk für Onkel Klaus!
Oh, und diese wundervolle Kanne
passt gut zu Lieblingstante Anne!

Noch mehr Geschenke sind zu kaufen,
also heißt es: weiterlaufen!
Keine Zeit, um zu verschnaufen!

Der Nachbar bekommt Seife zum Duschen,
der Opa ein Paar warme Puschen.
Für Oma gibt es warme Socken
und eine Bürste für die Locken.

Weiterkaufen, weiterlaufen,
keine Zeit, um zu verschnaufen!

Für Max das Kuscheltier, für Lisa rosa Briefpapier,
für Lara einen Topf und die Schleife für den Zopf,
eine Lampe für Hans, eine Krawatte für Franz
für Papa ein Buch, für Mama ein Tuch …

Weihnachtszeit – 2/2

Kaufen, kaufen, weiterlaufen!
Kaufen, kaufen, nicht verschnaufen!
Theo? Ein Deo!
Sabine? Praline!
Vanessa? Ein Messer!
Mandy? Ein Handy!
Till? Grill!
Frank? Bank!
Ruth? Hut!

Einer fehlt noch – aber wer? Wer? Wer?
Schluss! Aus! Ich kann nicht mehr!

Schluss mit dem Kaufen – endlich nach Hause laufen!
Zeit zum Verschnaufen!

Endlich, endlich ist es so weit:
Herrlich, friedvolle Weihnachts- aus- zeit!

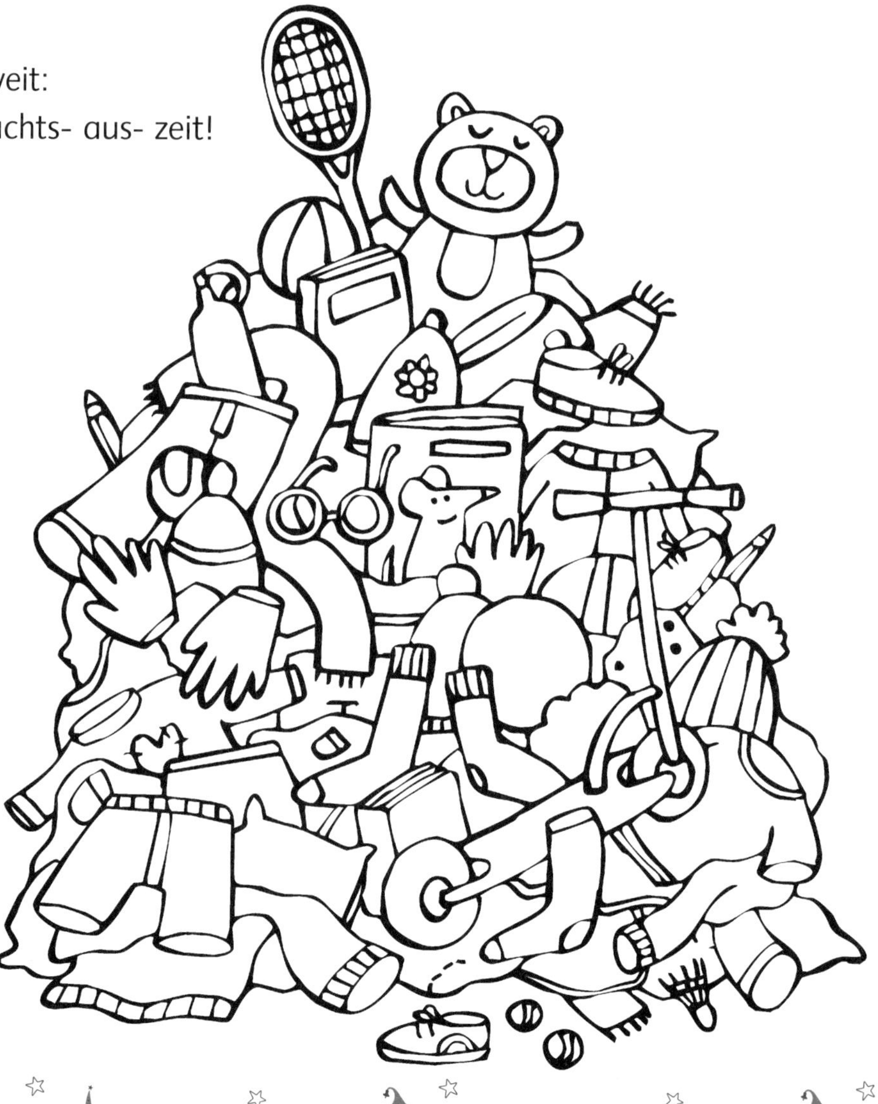

Das erste Weihnachten

Klassenstufe: 1–2
Zeitaufwand: 5 Minuten

Tipp!

Dieses Gedicht wird Zeile für Zeile von links nach rechts gelesen und lässt sich gut auf mehrere Kinder verteilen. Diese stehen bereits auf der Bühne im Hintergrund. Passend zu ihrem Einsatz, treten die Kinder an den vorderen Bühnenrand und halten ein entsprechendes Bild (Ort, Weg, Nacht usw.) in die Höhe.

1 Ort vor langer Zeit		
1 Weg	sehr sehr weit	
1 Nacht	1 Stall	1 eisiger Wind
1 Esel	1 Pferd	
1 Schaf	und	1 Rind
1 Mann	1 Frau	und das kleine Kind
1 Leuchten	1 Stern, den jeder sieht	
1 Zeichen	1 Wunder, das heute geschieht	

Winterwichtel

Klassenstufe: 1–2
Zeitaufwand: 5–8 Minuten

Tipp!

Ob dunkle Wolken aus Pappe, Schneeflocken aus Watte oder echte Tannenzweige – die Bühne lässt sich im Nu in eine Winterlandschaft verwandeln. Die rote Weihnachtsmütze darf dabei nicht fehlen!

Winterwichtel wollen
eine Winterweihnachtswelt,
glänzend weißen Schnee,
der aus dunklen Wolken fällt.

Winterwichtel freuen
sich über helles Kinderlachen,
über wahr gewordene Weihnachtsträume,
die alle glücklich machen.

Winterwichtel lieben
die schnellsten Schlittenfahrten,
Eislaufen auf gefrorenen Seen,
und eine Schneeballschlacht im Garten.

Winterwichtel haben
warm gestrickte Pudelmützen,
Handschuhe, die die kleinen Finger schützen,
und kalte, rote Nasenspitzen.

Winterwichtel wünschen
sich Schnee im Tal und auf den Gipfeln,
Eiszapfen an den Bäumen
und Schnee auf hohen Tannenwipfeln.

Winterwichtel träumen
von Bergen aus Eis und Schnee.
Doch manchmal, aber nur ganz selten …
von grünem Sommerwiesenklee.

Lieder- und Sprechgesänge

Sprechkanon international – 1/2

Klassenstufe: 1–4
Zeitaufwand: 5 Minuten

Tipp!

Dieser Kanon kommt ohne Melodie aus und lässt sich ganz einfach rhythmisch sprechen. Dabei wird jeder Textteil wiederholt und mit passenden Bewegungen begleitet. Die Kinder sprechen zunächst alle Teile gemeinsam. Sobald sie textsicher sind, lässt sich auch ein Kanon versuchen: Hierbei geht es allerdings weniger um Perfektion, als vielmehr um eine Auflockerung für zwischendurch.

Deutsch

Hallo lieber	Weihnachtsmann	*(mit rechts winken)*
Hallo lieber	Weihnachtsmann	*(mit links winken)*
Ich hör dich	auf dem Dach	*(Hand hinter das rechte Ohr)*
Ich hör dich	auf dem Dach	*(Hand hinter das linke Ohr)*
TOCK TOCK	TOCK TOCK	*(abwechselnd rechts und links*
TOCK TOCK	TOCK TOCK	*auf die Oberschenkel klopfen)*
Beeil dich bitte!	Mach ganz schnell!	*(Arme abwechselnd wie beim Laufen*
Beeil dich bitte!	Mach ganz schnell!	*nach vorn bewegen,*
		dann hereinwinken)

Englisch

Santa Claus	is coming	*(mit rechts winken)*
Santa Claus	is coming	*(mit links winken)*
I hear him	on the roof	*(Hand hinter das rechte Ohr)*
I hear him	on the roof	*(Hand hinter das linke Ohr)*
TOCK TOCK	TOCK TOCK	*(abwechselnd rechts und links*
TOCK TOCK	TOCK TOCK	*auf die Oberschenkel klopfen)*
Hurry up!	Please come in!	*(Arme abwechselnd wie beim Laufen*
Hurry up!	Please come in!	*nach vorn bewegen,*
		dann hereinwinken)

Sprechkanon international – 2/2

Französisch

Père Noël	est arrivé	*(mit rechts winken)*
Père Noël	est arrivé	*(mit links winken)*
Je t'entends	sur le toit	*(Hand hinter das rechte Ohr)*
Je t'entends	sur le toit	*(Hand hinter das linke Ohr)*
TOCK TOCK	TOCK TOCK	*(abwechselnd rechts und links*
TOCK TOCK	TOCK TOCK	*auf die Oberschenkel klopfen)*
Dépêche- toi!	Dépêche- toi!	*(Arme abwechselnd wie beim Laufen*
Dépêche- toi!	Dépêche- toi!	*nach vorn bewegen,*
		dann hereinwinken)

Die Weihnachtswichtelwerkstatt – 1/2

Klassenstufe: 1–4
Zeitaufwand: 5–8 Minuten

Tipp!

In der Wichtelwerkstatt gibt es zu Weihnachten jede Menge zu tun – und wenn alle im richtigen Rhythmus arbeiten, macht die Arbeit gleich viel mehr Spaß! Die folgenden Textteile werden von den Kindern rhythmisch gesprochen und lassen sich auf unterschiedliche Weise umsetzen.

Variante 1

Alle Textteile werden gemeinsam gesprochen und durch vorher abgesprochene Bewegungen begleitet. Nach dem Schlussteil ist es sofort mucksmäuschenstill und die Kinder schlafen ein.

Variante 2

Die Kinder werden in Gruppen aufgeteilt und sprechen die Textteile im Kanon.

Variante 3

Die Kinder werden, je nach Anzahl der ausgewählten Textteile, in Gruppen aufgeteilt. Jede Gruppe spricht fortlaufend immer nur einen Textteil. Zunächst sprechen alle Kinder den ersten Textteil gemeinsam. Auf ein Zeichen beginnt die erste Gruppe mit dem ihr zugewiesenen Textteil. Auf ein weiteres Zeichen schließen sich die anderen Gruppen nach und nach mit ihren Textteilen an und bauen so den Rhythmus sukzessiv auf. Sobald die letzte Gruppe ihren Textteil gesprochen hat, wird der Schlussteil von allen Kindern gemeinsam gesprochen.

 ISBN 978-3-8346-2964-7 | www.verlagruhr.de

Die Weihnachtswichtelwerkstatt – 2/2

Anfang:	Ar‿beit	in der
	Weihnachtswichtel	werkstatt!
Textteil A:	Sä‿gen,	sä‿gen,
	ritscheratsche	sä‿gen!
Textteil B:	Ho‿beln,	ho‿beln,
	hinundherund	ho‿beln
Textteil C:	Häm‿mern,	häm‿mern
	klingundklongund	häm‿mern
Textteil D:	Schlei‿fen	schlei‿fen
	zickundzackund	schlei‿fen
Textteil E:	Hau den Hammer	auf den Nagel
	Hau den Hammer	auf den Nagel
Textteil F:	Ma‿len	ma‿len
	pitschepatsche	ma‿len
Schluss:	End‿lich	aus‿ruh'n
	Schluss und	AUS!

Kapitel-Icon: A. Boretzki | ISBN 978-3-8346-2964-7 | www.verlagruhr.de

Klassiker mal anders:

Bei Müllers hat's gebrannt

Klassenstufe: 1–4
Zeitaufwand: 5 Minuten

Tipp!

Zwei Kinder stellen sich gegenüber auf. Zum Rhythmus von „Bei Müllers hat's gebrannt" klatschen sie nach dem folgenden Schema in die Hände:

1x in die eigenen Hände
1x die rechten Hände gegeneinander
1x in die eigenen Hände
1x die linken Hände gegeneinander
1x in die eigenen Hände
3x beide Hände gegeneinander

Beim letzten Vers strecken die Kinder ihre Arme jubelnd in die Höhe.

Hirten-Klatschspiel

Die Hir – ten auf dem Feld, Feld, Feld
starr – ten zum Him – mels – zelt, zelt, zelt
Sie sah'n ein hel – les Licht, Licht, Licht

Es hieß: Fürch – tet euch nicht, nicht, nicht
Die Hir – ten war'n ge – spannt, spannt, spannt
und sind zum Stall ge – rannt, rannt, rannt
Bei E – sel, Schaf und Rind, Rind, Rind
dort fan – den sie das Kind, Kind, Kind
Da gab's 'nen Ju – bel – schrei, schrei, schrei
Sie riefen: Wir war'n da – bei!

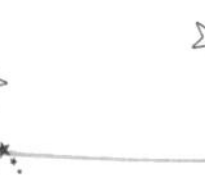

Klassiker mal anders:

Head and Shoulders

Klassenstufe: 1–4
Zeitaufwand: 5 Minuten

Tipp!

Dieses Lied bedient sich der Melodie des Kinderklassikers „Head and Shoulders". Der Text lässt sich mit den folgenden Bewegungen begleiten:

Erdnuss:	ausgestreckte Handfläche zeigen
Walnuss:	beide Hände wie eine Höhle aufeinanderlegen
Haselnuss:	Zeigefinger und Daumen zu einem Kreis aufeinanderlegen
Kokosnuss:	beide Arme seitlich ausstrecken und so tun, als würde man etwas Schweres tragen
Mandeln:	zappelnde Bewegungen mit den Fingern machen
Cashewkern:	mit Zeigefinger einen lachenden Mund in die Luft malen
Weihnachtsnüsse:	mit der Hand über den Bauch reiben

Alternativ lassen sich große Bilder der Nüsse an Stöcken befestigen, die unter den Kindern – oder dem Publikum – verteilt und an entsprechender Stelle in die Höhe gehalten werden.

Erd- und Walnuss

Erd- und Walnuss, Haselnuss – Kokosnuss!
Erd- und Walnuss, Haselnuss – Kokosnuss!
Und Mandeln und ein Cashewkern –
Weihnachtsnüsse hab ich gern, hab ich gern!

Notizen

Abb. Fußzeile: © Jan Engel – Fotolia.com | ISBN 978-3-8346-2964-7 | www.verlagruhr.de